CONDICIÓN HUMANA 12

Obras de Zygmunt Bauman
en Tusquets Editores

Vivir en tiempos turbulentos

Tiempos líquidos

Zygmunt Bauman

TIEMPOS LÍQUIDOS

Vivir en una época de incertidumbre

Traducción de Mayka Lahoz

TUSQUETS
EDITORES

Título original: *Liquid Times. Living in an Age of Uncertainty*

1.ª edición en colección Ensayo: septiembre de 2007
1.ª edición en esta presentación: marzo de 2024

Tusquets Editores, S.A. – Avda. Diagonal, 662-664 – 08034 Barcelona
www.tusquetseditores.com
ISBN: 978-84-1107-433-9
Depósito legal: B. 2.108-2024
Fotocomposición: Realización Tusquets Editores
Impresión y encuadernación: Limpergraft, S.L.
Impreso en España

Índice

Introducción
Con valentía hacia el semillero de incertidumbres

Por lo menos en la parte «desarrollada» del planeta ha habido, o los está habiendo en este momento, algunos cambios trascendentales y estrechamente interrelacionados que han creado un escenario nuevo y sin precedentes para los intereses individuales, y que plantean una serie de desafíos nunca antes vistos.

En primer lugar, el paso de la modernidad de la fase «sólida» a una fase «líquida»; es decir, a una condición en la que las formas sociales (las estructuras que limitan las elecciones individuales, las instituciones que velan por la repetición de rutinas, los patrones de comportamiento aceptables) ya no pueden (y no se espera que puedan) mantener su forma por mucho más tiempo, porque se descomponen y se funden en menos tiempo del que se necesita para poderlas aceptar y, una vez aceptadas, darles el lugar que les corresponde. Es poco probable que a las formas, ya presentes o solo bosquejadas, se les dé tiempo suficiente para solidificarse, y no pueden servir como marcos de referencia para las acciones humanas y las estrategias de vida a largo plazo debido a su corta esperanza de vida; una esperanza de vida más corta, de hecho, que el tiempo que se necesita para desarrollar una estrategia congruente y consistente, y más corta aún del que requiere el cumplimiento de un «proyecto de vida» individual.

En segundo lugar, la separación y el divorcio inmediato entre el poder y la política, esa pareja de la que, desde la aparición del Estado moderno y hasta hace muy poco, se esperaba que compartiera su hogar común del Estado-nación «hasta que la muerte los separara». Gran parte del poder para actuar con eficacia del que previamente disponía el Estado moderno se está desplazando ahora hacia el espacio global (y, en muchos sentidos, extraterritorial) políticamente descontrolado; mientras que la política, la capacidad para decidir la dirección y el propósito de la acción, es incapaz de operar de forma eficaz a escala planetaria, ya que sigue siendo, como lo era antes, de ámbito local. La ausencia de control político convierte a los poderes recién emancipados en una fuente de profunda y, en principio, indomable incertidumbre; mientras que la escasez de poder hace que las instituciones políticas existentes, sus iniciativas y sus proyectos, sean cada vez menos relevantes frente a los problemas vitales de los ciudadanos del Estado-nación, razón por la cual llaman cada vez menos la atención de estos. Esas dos consecuencias interrelacionadas del divorcio fuerzan o incitan a los órganos estatales a abandonar, a transferir o (por utilizar términos de la jerga política que últimamente están de moda) a «subsidiar» y a «subcontratar» una cantidad creciente de las funciones que anteriormente habían desempeñado. Abandonadas por el Estado, esas funciones quedan sometidas al arbitrio de las fuerzas del mercado, claramente caprichosas e intrínsecamente impredecibles, o bien se dejan a la iniciativa privada y al cuidado de los individuos.

En tercer lugar, la retirada o la reducción paulatina pero constante de las coberturas comunitarias, respaldadas por el Estado, contra el fracaso y la mala suerte individuales privan a la acción colectiva de gran parte de su antiguo atractivo y debilitan los cimientos de la solidaridad social; la palabra «comunidad», como forma de referirse a la totalidad de la población que habita el territorio soberano del Estado, suena cada vez más huera. Los lazos interhumanos, otrora tejidos en una red de seguridad digna de una gran y continua inversión de tiempo y de esfuerzo, y que bien merecían el sacrificio de los intereses individuales inmediatos (o de lo que pudiera considerarse que iba en interés de un individuo), se vuelven cada vez más frágiles y se admite que son algo provisional. La exposición del individuo a los caprichos de los mercados de materias primas y de trabajo motiva y fomenta la división, no la unidad; premia las actitudes competitivas, al tiempo que degrada la colaboración y el trabajo en equipo al rango de estratagemas temporales que hay que dejar a un lado o descartar en el momento en que sus beneficios se hayan acabado. En vez de verse y de tratarse como una «estructura» (y mucho menos como una «totalidad» sólida), a la «sociedad» se la ve y se la trata cada vez más como una «red»: se la percibe y se la trata como una matriz de conexiones y desconexiones aleatorias y de un número sustancialmente infinito de permutaciones posibles.

En cuarto lugar, el colapso del pensamiento, de la planificación y de la acción a largo plazo, así como la desaparición o el debilitamiento de las estructuras sociales en las que el pensamiento, la planificación y la acción podrían inscribirse por un periodo de tiempo relativamente extenso, conducen a un encaje de la historia política y de las vidas individuales en una serie de proyectos y de episodios a corto plazo que en principio son infinitos y que no se combinan en los tipos de secuencias a las que podrían aplicarse de modo significativo conceptos tales como «desarrollo», «maduración», «carrera» o «progreso» (conceptos que sugieren, todos ellos, un orden predeterminado de sucesión). Una vida tan fragmentada favorece orientaciones «laterales» más que «verticales». Cada nuevo paso que se dé debe ser una respuesta a un repertorio diferente de oportunidades y a una distribución diferente de probabilidades, por lo que exige un repertorio distinto de habilidades y una disposición distinta de los recursos disponibles. Los éxitos pasados no aumentan necesariamente la probabilidad de victorias futuras, y mucho menos las garantizan; los medios que se probaron con éxito en el pasado deben examinarse y revisarse de manera constante, ya que pueden resultar inútiles o totalmente contraproducentes cuando las circunstancias cambian. Un pronto y absoluto *olvido* de la información obsoleta y de las costumbres que rápidamente se quedan anticuadas puede ser más importante para el próximo éxito que la memorización de antiguas decisiones y la construcción de estrategias sobre las bases sentadas por el *aprendizaje* previo.

En quinto lugar, la responsabilidad de resolver las disyuntivas generadas por circunstancias tediosamente volátiles y en continuo cambio recae sobre los hombros de los individuos, de quienes ahora se espera que sean «electores libres» y que asuman plenamente las consecuencias de sus elecciones. Los riesgos que entraña toda elección pueden ser causados por fuerzas que trascienden la comprensión y la capacidad de actuar del individuo, pero a este le cae en suerte y le corresponde pagar su precio, porque no existen fórmulas autorizadas que permitan evitar los errores si se aprenden bien y se siguen obedientemente, o a las que se pueda echar la culpa en caso de fracaso. La virtud que se proclama más beneficiosa para los intereses del individuo no es la *conformidad* a las normas (que, en todo caso, son escasas y a menudo contradictorias entre sí), sino la *flexibilidad:* la buena disposición para cambiar de táctica y de estilo sobre la marcha, para abandonar compromisos y lealtades sin remordimiento, y para aprovechar las oportunidades en función de la disponibilidad que ofrezca cada momento, en lugar de seguir las propias preferencias afianzadas.

Es hora de preguntarse cómo modifican esos cambios el amplio abanico de desafíos a los que se enfrentan los hombres y las mujeres en sus proyectos vitales y cómo influyen, indirectamente, en la manera en la que tienden a vivir sus vidas. Eso es justo lo que pretende este libro. Preguntar, pero no responder, y aún menos procurar aportar respuestas definitivas, porque su autor cree que cualquier respuesta sería perentoria, prematura y potencialmente engañosa. Al fin y al cabo, el efecto generalizado de los cambios enumerados más arriba es la necesidad de actuar, de planificar las acciones, de calcular los beneficios y las pérdidas que se esperan de esas acciones y de evaluar sus resultados en condiciones de incertidumbre endémica. Lo que el autor ha intentado hacer, y a lo que se ha sentido autorizado, ha sido explorar las causas de esa incertidumbre y, quizá, descubrir algunos de los obstáculos que impiden la comprensión de esas causas y, por lo tanto, entorpecen también nuestra capacidad para afrontar (de manera individual pero, sobre todo, colectiva) el desafío que necesariamente supondría cualquier intento de controlarlas.

1
La vida líquida moderna y sus miedos

«Si deseas la paz, ocúpate de la justicia», afirmaba la sabiduría antigua, y, a diferencia del conocimiento, la *sabiduría* no envejece. La falta de justicia bloquea hoy el camino hacia la paz como ya lo hizo hace dos milenios. Eso no ha cambiado. Lo que ha cambiado es que ahora la «justicia», al contrario que en la antigüedad, es un asunto planetario, que se mide y se evalúa por medio de comparaciones planetarias, y ello por dos razones.

La primera razón es que, en un planeta surcado de «autopistas de la información», nada de lo que suceda en alguna parte del globo puede en realidad, o al menos en potencia, quedarse en un «exterior» *intelectual*. No hay una *terra nulla*, no hay espacios en blanco en el mapa mental, no hay tierras ni pueblos desconocidos, y mucho menos incognoscibles. La miseria humana de lugares lejanos y modos de vida remotos, así como el dispendio humano de otros lugares y modos de vida igualmente lejanos y remotos, se nos meten en casa a través de las imágenes electrónicas de una forma tan viva y desgarradora, tan vergonzosa o humillante, como lo son la indigencia o la ostentosa prodigalidad de aquellos seres humanos con los que topamos cerca de casa durante nuestros paseos diarios por las calles de la ciudad. Las injusticias, a partir de las cuales se configuran los modelos de justicia, ya no se limitan a la vecindad inmediata, ya no se reducen a las «privaciones relativas» o a las «diferencias salariales» que pueda haber en comparación con los vecinos de al lado, o con los colegas más cercanos en el *ranking* social.

La segunda razón es que, en un planeta abierto a la libre circulación de capitales y de mercancías, cualquier cosa que ocurra en un lugar influye en la forma en que viven, esperan o prevén vivir las personas de todos los demás lugares. No hay nada que con absoluta convicción pueda presuponerse que se halla en un «exterior» *material*. Nada es realmente indiferente, o puede permanecer indiferente por mucho tiempo, a todo lo demás; nada hay que permanezca intacto y sin contacto. El bienestar de un lugar no es inocente de la miseria de otro. Para decirlo en los concisos términos de Milan Kundera, la «unidad de la humanidad» que ha traído consigo la globalización significa principalmente que «no hay ningún lugar al que uno pueda escapar».[1]

Como apuntó Jacques Attali en *La Voie humaine*,[2] la mitad del comercio mundial y más de la mitad de la inversión global tan solo benefician a veintidós países, que acogen apenas el 14 por ciento de la población mundial, mientras que los cuarenta y nueve países más pobres, habitados por el 11 por ciento de la población mundial, solo reciben entre todos una cuota del 0,5 por ciento del producto global, casi lo mismo que los ingresos conjuntos de los tres hombres más ricos del planeta. El 90 por ciento de la riqueza total de este sigue en manos de solo el 1 por ciento de sus habitantes. Y no hay rompeolas a la vista capaces de contener la marea global de la polarización de los réditos, que sigue aumentando de forma ominosa.

Las presiones dirigidas a romper y desmantelar las fronteras, comúnmente llamadas «globalización», han hecho su trabajo con pocas excepciones, que desaparecen con rapidez; todas las sociedades están ahora entera y realmente abiertas, tanto en sentido material como intelectual. Sumen ustedes ambos tipos de «apertura» —la intelectual y la material— y verán por qué cualquier agravio, privación relativa o indolencia artificiosa se rematan en todas partes con la afrenta de la injusticia: el sentimiento de que se ha hecho daño, un daño que pide a gritos ser reparado, pero que ante todo obliga a las víctimas a vengarse de sus males...

La «apertura» de la sociedad abierta ha adquirido un nuevo cariz, un cariz inimaginable para Karl Popper, que acuñó la expresión. Como antes, esa apertura significa que una sociedad admite con franqueza su propia incompletitud y, por lo tanto, está ansiosa por ocuparse de sus propias posibilidades, aún no intuidas ni mucho menos exploradas; pero significa, además, que una sociedad se siente impotente como nunca antes se había sentido para decidir su propio rumbo con cierto grado de certeza, así como para defender el itinerario elegido una vez seleccionado. El atributo de la «apertura», antaño valioso pero frágil producto de una valiente aunque estresante *autoafirmación*, se relaciona hoy en día sobre todo con un *destino* al que es imposible resistirse; con los imprevistos e inesperados efectos colaterales de la «globalización negativa», es decir, de una globalización selectiva del comercio y el capital, la vigilancia y la información, la violencia y las armas, la delincuencia y el terrorismo, factores, todos ellos, que coinciden en su desprecio hacia el principio de soberanía territorial y en su falta de respeto por cualquier frontera estatal. Una sociedad «abierta» es una sociedad expuesta a los golpes del «destino».

Si, originalmente, la idea de una «sociedad abierta» representaba la autodeterminación de una sociedad libre que apreciaba su apertura, hoy trae a la mayoría de las mentes la experiencia aterradora de una población heterónoma, desgraciada y vulnerable, confrontada con —y posiblemente abrumada por— fuerzas que ni controla ni comprende del todo; una población horrorizada ante su propia indefendibilidad y obsesionada con la impenetrabilidad de sus fronteras y con la seguridad de los individuos que viven dentro de ellas, aunque son precisamente la impermeabilidad de sus fronteras y la seguridad de la vida dentro de esas fronteras lo que se escapa a su control y lo que parece destinado a quedar fuera de su dominio mientras el planeta siga estando sometido a una globalización meramente *negativa*. En un planeta globalizado de forma negativa, la seguridad no puede obtenerse, y mucho menos garantizarse, en un solo país o en un grupo seleccionado de países: ni por sus propios medios ni con independencia de lo que suceda en el resto del mundo.

La justicia, condición previa de una paz duradera,

tampoco puede alcanzarse, y aún menos garantizarse, de ese modo. La «apertura» pervertida de las sociedades impuesta por la globalización negativa es en sí misma la causa principal de la injusticia y, por lo tanto, indirectamente, también del conflicto y de la violencia. Como dice Arundhati Roy, «cuando la élite, en algún lugar de la cima del mundo, prosigue sus viajes a destinos imaginarios, los pobres se quedan atrapados en una espiral de delincuencia y de caos».[3] Las acciones del Gobierno de Estados Unidos, afirma Roy, junto con las de sus diversos satélites, apenas disfrazados como «instituciones internacionales», tales como el Banco Mundial, el Fondo Monetario Internacional y la Organización Mundial del Comercio, han traído consigo, como «peligrosos productos secundarios», «el nacionalismo, el fanatismo religioso, el fascismo y, por supuesto, el terrorismo, que avanzan de la mano con el progreso de la globalización liberal».

El lema «Mercados sin fronteras» es una buena receta para la injusticia y para el nuevo desorden mundial, en el que se ha invertido la famosa fórmula de Clausewitz para que ahora le toque a la política convertirse en una continuación de la guerra por otros medios. La desregulación, que da lugar a la anarquía planetaria, y la violencia armada se alimentan mutuamente, se refuerzan y se revigorizan la una a la otra. Como advierte otra sabiduría milenaria, *inter arma silent leges* (cuando las armas hablan, las leyes callan).

Antes de enviar tropas a Irak, Donald Rumsfeld declaró que «la guerra se ganará cuando los estadounidenses vuelvan a sentirse seguros».[4] Ese mensaje ha sido repetido desde entonces, un día sí y el otro también, por George W. Bush. Pero el envío de tropas a Irak elevó y sigue elevando el miedo a la inseguridad, en Estados Unidos y en otros lugares, a nuevas cotas.

Como cabía esperar, la sensación de seguridad no fue la única víctima colateral de la guerra. Las libertades personales y la democracia pronto compartieron su misma suerte. Por citar la profética advertencia de Alexander Hamilton,

> La destrucción violenta de vidas y de bienes que conlleva la guerra, el esfuerzo continuo y la alarma que acompañan un estado de peligro permanente, obligarán a las naciones más apegadas a la libertad a recurrir, en busca de reposo y de seguridad, a instituciones que tienen tendencia a destruir sus derechos civiles y políticos. Para sentirse más seguras, acabarán estando dispuestas a correr el riesgo de ser menos libres.[5]

Ahora esa profecía se está cumpliendo.

Una vez instalado en el mundo de los humanos, el miedo adquiere su propio impulso y su propia lógica de desarrollo y necesita poca atención y casi ninguna inversión adicional para crecer y extenderse de manera imparable. En palabras de David L. Altheide, lo más decisivo no es el miedo al peligro, sino más bien hacia dónde puede expandirse ese miedo, en qué puede convertirse.[6] La vida social cambia cuando las personas viven parapetadas tras unos muros, contratan vigilancia, conducen vehículos blindados, llevan consigo aerosoles de gas pimienta y pistolas y reciben clases de artes marciales. El problema es que esas actividades reafirman y ayudan a generar la misma sensación de desorden que precisamente nuestras acciones pretenden evitar.

El miedo nos empuja a adoptar medidas defensivas. Cuando se toma, la medida defensiva da inmediatez y tangibilidad al miedo. Son nuestras respuestas las que transforman los presentimientos sombríos en realidad cotidiana, y hacen que la palabra se haga carne. Ahora el miedo se ha instalado dentro, y satura nuestras rutinas diarias; apenas necesita más estímulos del exterior, ya que las acciones que día tras día provoca le proporcionan toda la motivación y toda la energía que necesita para reproducirse. Entre los mecanismos que compiten por aproximarse al modelo soñado del *perpetuum mobile*, el de la autorreproducción de una red constante de realimentación positiva entre el miedo y las acciones inspiradas por este es el que más cerca está de ocupar el primer puesto.

Parece como si nuestros miedos tuvieran la capacidad de perpetuarse y reforzarse por sí mismos, como si hubieran adquirido un impulso propio y pudieran seguir creciendo haciendo uso exclusivamente de sus propios recursos. Esa aparente autosuficiencia solo es, desde luego, una ilusión, como lo ha sido en el caso de muchos otros mecanismos que han reivindicado el milagro del movimiento perpetuo autopropulsado y autoalimentado. Obviamente, el ciclo del miedo y las acciones impuestas por este no se desarrollaría tan fluidamente y seguiría ganando velocidad si no continuara extrayendo su energía de las sacudidas existenciales.

La presencia de tales sacudidas no es precisamente una novedad; los terremotos existenciales han acompañado a los humanos a lo largo de toda su historia, porque ninguno de los escenarios sociales en los que se han llevado a cabo las actividades de la vida humana ha ofrecido nunca una protección infalible contra los golpes del «destino» (llamado así para diferenciar los golpes de ese tipo de las adversidades que los seres humanos sí *podían* evitar, y para expresar no ya la naturaleza peculiar de esos golpes como tales, sino el reconocimiento de la *incapacidad de los hombres para predecirlos*, y no digamos ya para prevenirlos o mitigarlos). Por definición, el «destino» golpea sin previo aviso y es indiferente a lo que sus víctimas puedan hacer o dejar de hacer para eludir sus golpes. El «destino» simboliza la ignorancia y la impotencia humanas, y debe su asombroso y aterrador poder a esas mismas debilidades de sus víctimas. Y, como escribieron los editores de *Hedgehog Review* en su introducción al número especial dedicado al miedo, «a falta de confort existencial», la gente tiende a conformarse «con la seguridad, o con la apariencia de seguridad».[7]

El terreno sobre el que se supone que descansan nuestras expectativas vitales es, ciertamente, inestable, como lo son nuestros empleos y las empresas que los ofrecen, nuestras parejas y nuestras redes de amigos, el estatus del que disfrutamos en la sociedad en general y la autoestima y la confianza en nosotros mismos que ese estatus genera. El «progreso», que antaño fue la manifestación más extrema del optimismo radical y también la promesa de una felicidad universalmente compartida y duradera, se ha desplazado hacia el polo opuesto, hacia el polo distópico y fatalista de la expectativa: ahora representa la amenaza de un cambio implacable e ineludible que, en vez de augurar paz y alivio, solo presagia crisis y tensiones continuas e impide un solo instante de descanso. El progreso se ha convertido en una especie de interminable e ininterrumpido juego de las sillas en el que un momento de descuido acarrea una derrota irreversible y una exclusión irrevocable. En lugar de grandes expectativas y dulces sueños, el «progreso» evoca un insomnio lleno de pesadillas en las que se vive la angustia de «quedarse atrás», de perder el tren o caer por la ventanilla de un vehículo que acelera a gran velocidad.

Incapaces de lentificar el alucinante ritmo del cambio, y más aún de predecir o de controlar su dirección, nos centramos en aquellas cosas sobre las cuales podemos, o creemos que podemos, o se nos asegura que podemos, influir: intentamos calcular o minimizar el riesgo de que nosotros personalmente, o bien aquellos que nos son más cercanos y queridos en un determinado momento, podamos ser víctimas de los innumerables e incalculables peligros que se sospecha que nos depara el turbio mundo y su incierto futuro. Nos enfrascamos en la tarea de escrutar los «siete signos del cáncer» o los «cinco síntomas de la depresión», o en la de exorcizar el fantasma de la hipertensión arterial, del colesterol alto, del estrés o de la obesidad. En otras palabras, buscamos objetivos *sustitutivos* en los que descargar ese miedo existencial sobrante que no ha podido contar con una válvula de escape, y encontramos esos objetivos improvisados al tomar elaboradas precauciones contra la inhalación del humo del cigarrillo de otra persona, contra la ingesta de alimentos grasos o de bacterias «malas» (mientras ingerimos con avidez aquellas bebidas que prometen contener las «buenas»), contra la exposición al sol o contra el sexo sin protección. Los que podemos permitírnoslo, nos fortificamos contra todos los peligros visibles e invisibles, presentes o previstos, conocidos o todavía desconocidos, dispersos pero omnipresentes encerrándonos entre cuatro paredes, llenando los accesos a nuestras viviendas de cámaras de vídeo, contratando vigilantes armados, conduciendo vehículos blindados (como los famosos todoterrenos), llevando prendas de vestir reforzadas (como los «zapatos con suela engrosada») o yendo a clases de artes marciales. «El problema», por citar una vez más a David L. Altheide, «es que esas actividades reafirman y ayudan a generar la sensación de desorden que nuestras acciones provocan». Cada cerradura adicional que ponemos en la puerta de entrada de nuestra casa como respuesta a sucesivos rumores de delincuentes de aspecto extranjero embozados en capas llenas de puñales y cada próxima revisión de nuestra dieta como respuesta a una sucesiva «alerta alimentaria» hacen que el mundo parezca *más* peligroso y temible, y dan lugar a *más* acciones defensivas, acciones que, por desgracia, insuflarán más energía a la capacidad de autopropagación del miedo.

Se puede obtener mucho capital de la inseguridad

y del miedo, y eso es lo que se hace. «Los anunciantes», comenta Stephen Graham, «han estado explotando deliberadamente el miedo generalizado al terrorismo catastrófico para aumentar aún más las ventas de los muy rentables todoterrenos.»[8] Esos monstruos militares, que tragan mucha gasolina y que son mal llamados «vehículos utilitarios deportivos», ya han alcanzado el 45 por ciento de todas las ventas de coches en Estados Unidos y se están incorporando a la vida cotidiana urbana como «cápsulas defensivas». El todoterreno es

> un símbolo de seguridad que, al igual que los núcleos residenciales cerrados por los que tan a menudo circulan, es presentado en los anuncios como algo inmune a la arriesgada e impredecible vida urbana del exterior [...]. Esos vehículos parecen mitigar el miedo que sienten las clases medias urbanas cuando se desplazan —o cuando están en un atasco— por su ciudad «de pertenencia».

Como si fuera efectivo líquido listo para cualquier clase de inversión, el capital del miedo puede convertirse en cualquier tipo de beneficio, ya sea comercial o político. Y de hecho eso es lo que pasa. La *seguridad personal* se ha convertido en un argumento de venta importante, quizá *el más* importante, en toda clase de estrategias de mercadotecnia. «La ley y el orden», reducidos cada vez más a la promesa de seguridad personal (más concretamente, *física)*, se han convertido en un argumento de venta importante, quizá *el más* importante, en los programas políticos y en las campañas electorales; mientras que el despliegue de amenazas a la seguridad personal se ha convertido en una baza importante, quizá *la más* importante, en la guerra por los índices de audiencia de los medios de comunicación de masas, reponiendo constantemente el capital del miedo y contribuyendo aún más al éxito de sus usos comerciales y políticos. Como dice Ray Surette, el mundo que se ve en la televisión se asemeja a un mundo en el que «ciudadanos-ovejas» son protegidos de «delincuentes-lobos» por «policías-perros pastores».[9]

La peculiaridad más significativa de las transmutaciones que sufren hoy los miedos, miedos que, por lo demás, han sido conocidos en todas las variedades de la existencia humana vividas anteriormente, es quizá la disociación entre las acciones inspiradas por el miedo y las sacudidas existenciales que generan el miedo que las inspiró. En otras palabras: el desplazamiento del miedo desde las grietas y las fisuras de la condición humana, en las que nace y se incuba el «destino», hacia áreas de la vida en gran medida desconectadas de la fuente genuina de la ansiedad. Es probable que ningún esfuerzo invertido en esas áreas, por muy serio e ingenioso que sea, pueda neutralizar o bloquear la fuente, por lo que resultará incapaz de aplacar la ansiedad. De ahí que el círculo vicioso del miedo y las acciones inspiradas por este continúe, sin perder ni un ápice de su ímpetu pero sin acercarse a su objetivo aparente.

Expongamos explícitamente lo que se ha insinuado antes: el círculo vicioso en cuestión se ha desplazado/movido del área de la seguridad (es decir, de la confianza y la seguridad en uno mismo, o de su falta) al área de la protección (es decir, de estar protegido de, o expuesto a, las amenazas a la propia persona y a sus prolongaciones).

La primera área, progresivamente despojada de la protección institucionalizada, avalada y respaldada por el Estado, ha quedado expuesta a los caprichos del mercado; se ha convertido, por la misma razón, en el campo de juego de las fuerzas globales, fuera del alcance del control político y, por lo tanto, también de la capacidad de los afectados para responder de manera adecuada, y no digamos ya para encajar eficazmente sus golpes. Las pólizas de seguros respaldadas por la comunidad contra desgracias individuales, que en el transcurso del siglo pasado llegaron a conocerse colectivamente con el nombre de Estado social («de bienestar»), ahora están siendo retiradas total o parcialmente y recortadas por debajo del umbral en el que su nivel es capaz de validar y de mantener la sensación de seguridad y, por consiguiente, también la confianza en sí mismos de los actores. Además, lo que queda de las instituciones existentes que encarnan la promesa original ya no ofrece la esperanza, y aún menos la confianza, de que sobrevivirá a nuevas, e inminentes, rondas de recortes.

Con los sistemas de protección construidos y suministrados por el Estado contra las sacudidas existenciales progresivamente desmantelados, y con los mecanismos de autoprotección colectiva, como son los sindicatos y otros instrumentos de negociación colectiva, cada vez más desprovistos de poder por las presiones de la competencia del mercado, que erosionan la solidaridad de los débiles, ahora se ha dejado en manos de los individuos la responsabilidad de buscar, encontrar y poner en práctica soluciones individuales para problemas generados socialmente, y han de intentar todo eso por medio de acciones individuales y solitarias, mientras son proveídos de herramientas y recursos que resultan manifiestamente inadecuados para semejante tarea.

Los mensajes dirigidos desde las sedes del poder político, tanto a aquellos que cuentan con suficientes recursos como a aquellos que son desafortunados, presentan la fórmula de «más flexibilidad» como el único remedio para una inseguridad que ya es insoportable, y perfilan así la posibilidad de aún más dudas, de aún más privatización de los problemas, de aún más soledad e impotencia y, claro está, de aún más incertidumbre. Excluyen la oportunidad de una seguridad existencial que descanse sobre bases colectivas, por lo que no ofrecen ningún incentivo para las acciones solidarias; en lugar de eso, animan a sus oyentes a centrarse en su supervivencia personal al estilo de «sálvese quien pueda, y que sea lo que Dios quiera», en un mundo indefectiblemente fragmentado y atomizado y, por lo tanto, cada vez más incierto e impredecible.

La retirada del Estado de la función en la que se basaron sus pretensiones de legitimidad durante la mayor parte del siglo pasado vuelve a poner sobre el tapete la cuestión de la legitimación. Un nuevo consenso de la ciudadanía («patriotismo constitucional», para emplear la expresión de Jürgen Habermas) no puede construirse actualmente del modo en que solía hacerse no hace demasiado tiempo: mediante la garantía de protección constitucional contra los caprichos del mercado, tristemente célebres por echar a perder los logros sociales y por minar el derecho a la estima social y a la dignidad personal. La integridad del cuerpo político en su forma de Estado-nación, la más común en este momento, está en apuros, por lo que se necesita y se busca urgentemente una legitimación alternativa.

A la luz de lo que se ha dicho antes, no es en absoluto sorprendente que en la actualidad se busque una legitimación alternativa de la autoridad estatal y otra fórmula política para el beneficio de la ciudadanía obediente en la promesa del Estado de proteger a sus ciudadanos contra los peligros para la *seguridad personal*. Aquel fantasma de la degradación social contra el cual el Estado *social* prometió proteger a sus ciudadanos está siendo sustituido, en la fórmula política del «Estado de la seguridad personal», por la amenaza de un pedófilo suelto, de un asesino en serie, de un mendigo visualmente molesto, de un atracador, de un acosador, de un envenenador, de un terrorista o, mejor aún, por todas esas amenazas reunidas en la figura de un inmigrante ilegal, contra el cual el Estado moderno, en su encarnación más reciente, promete defender a sus súbditos.

En octubre de 2004, la BBC2 emitió una serie documental titulada *The Power of Nightmares: The Rise of the Politics of Fear* [El poder de las pesadillas: el auge de la política del miedo].[10] Adam Curtis, guionista y productor de la serie y uno de los realizadores de programas serios de televisión más aclamados de Gran Bretaña, señalaba que, aunque el terrorismo global es sin duda un peligro demasiado real que se reproduce continuamente en la «tierra de nadie» de la jungla global, gran parte, si no la mayor parte, de la amenaza que con carácter oficial se ha estimado que representa «es una fantasía que ha sido exagerada y distorsionada por los políticos. Es una oscura ilusión que se ha extendido, sin cuestionarse lo más mínimo, entre los gobiernos de todo el mundo, los servicios de seguridad y los medios de comunicación internacionales». No sería demasiado difícil rastrear las razones de la rápida y espectacular trayectoria de esa ilusión: «En una época en la que todas las grandes ideas han perdido credibilidad, el miedo a un enemigo fantasma es lo único que les queda a los políticos para mantener su poder».

Numerosas señales del desplazamiento inminente de la legitimación del poder estatal a la del Estado de la seguridad personal podían detectarse ya mucho antes del 11 de septiembre de 2001, aunque la gente necesitara, al parecer, el impacto emocional de ver reproducido durante meses a cámara lenta en millones de pantallas de televisión el desplome de las Torres Gemelas de Manhattan para asimilar y comprender la noticia, y para que los políticos pudieran reencauzar las preocupaciones existenciales populares hacia una nueva fórmula política. La batalla presidencial entre Jacques Chirac y Lionel Jospin en Francia adoptó la forma de una subasta pública, con dos líderes políticos compitiendo entre sí para superarse mutuamente con promesas de más demostración de fuerza en la guerra contra la delincuencia, lo que llevó a una legislación más estricta y severa y a castigos cada vez más ingeniosos e imaginativos para los delincuentes jóvenes o adultos y para los extraños y alienantes «extranjeros entre nosotros». Cuando George W. Bush recurrió a la dureza en la «guerra contra el terror» en su lucha por repeler el desafío de su rival, y cuando el líder de la oposición británico intentó desestabilizar el Gobierno del «nuevo laborismo» focalizando las difusas preocupaciones existenciales derivadas de la desregulación de los mercados de trabajo en la amenaza que representaban los gitanos nómadas y los inmigrantes sin hogar, lo que hicieron fue sembrar las semillas del miedo en un terreno que ya estaba bien abonado para él.

No es una mera coincidencia (de acuerdo con Hugues Lagrange)[11] que las «alertas de seguridad» más espectaculares y las alarmas más sonoras sobre el aumento de la criminalidad, acompañadas de medidas ostentosamente duras por parte de los gobiernos y manifestadas, entre otras cosas, en un rápido aumento de la población carcelaria (la «sustitución del Estado social por un Estado carcelario», como dijera Lagrange), se hayan dado, desde mediados de los años sesenta del siglo pasado, en los países con los servicios sociales menos desarrollados (como España, Portugal o Grecia) y en los que la provisión social se ha ido reduciendo drásticamente (como Estados Unidos y Gran Bretaña). Ninguna investigación emprendida hasta el año 2000 ha mostrado una correlación significativa entre la severidad de la política penal y el número de delitos, si bien la mayoría de los estudios han descubierto una fuerte correlación negativa entre el «impulso carcelario», por un lado, y la «proporción de provisión social independiente del mercado» y el «porcentaje de producto interior bruto destinado a dicha provisión», por el otro. En resumidas cuentas, se ha demostrado, más allá de toda duda razonable, que el nuevo interés por focalizar la atención en la delincuencia y en los peligros que amenazan la seguridad física de las personas y de sus bienes está íntimamente relacionado con el «ambiente de precariedad», y que sigue de cerca el ritmo de la desregulación económica y de la consiguiente sustitución de la solidaridad social por la responsabilidad individual.

«No hay nuevos monstruos terroríficos. Se está extrayendo el veneno del miedo», observó Adam Curtis al opinar sobre la creciente preocupación por la seguridad física. El miedo está ahí, saturando la existencia humana cotidiana a medida que la desregulación cala hondo en sus cimientos y los bastiones defensivos de la sociedad civil se desmoronan. El miedo está ahí, y recurrir a sus reservas aparentemente inagotables y ansiosamente renovadas para reconstruir un capital político agotado es una tentación a la que muchos políticos encuentran difícil resistirse. Y la estrategia de capitalizar el miedo también está bien arraigada, de hecho es una tradición que se remonta a los primeros años del asalto neoliberal al Estado social.

Mucho antes de los acontecimientos del 11 de septiembre, la rendición a esa tentación —con la oportunidad de aprovechar sus temibles beneficios— ya estaba bien ensayada y probada. En un estudio conmovedora y acertadamente titulado «The terrorist, friend of state power» [El terrorista, amigo del poder del Estado],[12] Victor Grotowicz analizó los usos que, a finales de la década de 1970, dio el Gobierno de la República Federal de Alemania a los atentados terroristas perpetrados por la Fracción del Ejército Rojo. Descubrió que, mientras que en 1976 solo el 7 por ciento de los ciudadanos alemanes consideraban que la seguridad personal era una cuestión política primordial, dos años más tarde una amplia mayoría de ellos la consideraban mucho más importante que la lucha contra el desempleo y la inflación. Durante esos dos años, la nación vio en las pantallas de sus televisores los reportajes fotográficos que retrataban las hazañas de las fuerzas policiales y de los servicios secretos, cada vez más numerosos, y escuchó las cada vez más audaces sugerencias de sus políticos, que prometían medidas cada vez más duras en la guerra sin cuartel contra los terroristas. Grotowicz también descubrió que, si bien el espíritu liberal del énfasis original de la Constitución alemana en las libertades individuales había sido subrepticiamente sustituido por el autoritarismo estatal, antes tan resentido —mientras Helmut Schmidt agradecía públicamente a los juristas que se abstuvieran de poner a prueba la conformidad de las nuevas resoluciones del Bundestag con el derecho constitucional—, la nueva legislación jugó sobre todo a favor de los terroristas, aumentando su visibilidad pública y, de forma indirecta, encumbrando su estatus hasta límites muy superiores a los que hubieran podido alcanzar por sí mismos. De hecho, según la conclusión común de los investigadores, las reacciones violentas de las fuerzas del orden aumentaron muchísimo la popularidad de los terroristas. Hay que sospechar que la función manifiesta de esas nuevas, severas y ostentosamente despiadadas políticas, que suponían la erradicación de la amenaza terrorista, jugaba en realidad un papel secundario con respecto a su función latente, que era el esfuerzo por desplazar las bases de la autoridad del Estado de un área que este no podía ni pretendía controlar de manera eficaz a otra área en la que su poder y su determinación para actuar pudieran demostrarse de un modo espectacular y con el aplauso casi unánime de la opinión pública. El resultado más evidente de la campaña antiterrorista fue un rápido incremento del miedo, que saturó a toda la sociedad. En cuanto a los terroristas, que eran el objetivo declarado de la campaña, los acercó a su propia meta —la socavación de los valores que sustentan la democracia y el respeto de los derechos humanos— más de lo que hubieran podido soñar. Se puede añadir que el desmoronamiento final de la Fracción del Ejército Rojo, junto con su desaparición de la vida alemana, no fueron provocados por las acciones represivas de la policía; se debieron, más bien, al cambio de las condiciones sociales, que ya no eran propicias para la *Weltanschauung* y las prácticas de los terroristas.

Exactamente lo mismo puede decirse de la triste historia del terrorismo norirlandés, que es evidente que se mantuvo vivo y con cada vez más apoyos gracias, en gran medida, a la dura respuesta militar de los británicos; su colapso final podría atribuirse más al milagro económico irlandés y a un fenómeno similar a la «fatiga del metal» que a algo que el Ejército británico hiciera o fuera capaz de hacer.

La situación no ha cambiado mucho desde entonces. Como demuestra la experiencia más reciente (de acuerdo con el análisis de Michael Meacher), la ineficacia endémica o, incluso, la total contraproductividad de la acción militar contra las formas modernas de terrorismo siguen siendo la norma: «A pesar de la "guerra contra el terror", en los dos últimos años [...] Al Qaeda parece haber sido más eficaz que en los dos años anteriores al 11 de septiembre».[13] Adam Curtis, ya citado, va un paso más allá y sugiere que Al Qaeda apenas existía, salvo como una idea vaga y difusa acerca de la «purificación de un mundo corrupto mediante la violencia religiosa», y que empezó su andadura como producto de la acción de los abogados; ni siquiera tuvo un nombre «hasta principios de 2001, cuando el Gobierno estadounidense decidió procesar a Bin Laden en rebeldía y tuvo que valerse de leyes antimafia que exigían la existencia de una organización criminal con nombre».

Dada la naturaleza del terrorismo contemporáneo, la misma noción de «guerra contra el terrorismo» es, de manera sorprendente, una *contradictio in adiecto*. Las armas modernas, concebidas y desarrolladas en una época de invasión y conquista territorial, son de lo más inadecuado para localizar, atacar y destruir objetivos extraterritoriales —endémicamente escurridizos y eminentemente móviles—, ya sean pequeños grupos armados o simplemente personas solas que viajan ligeras de equipaje, que desaparecen del lugar del ataque con la misma rapidez y discreción con la que llegaron y dejan tras de sí pocos o ningún rastro. Dada la naturaleza de las armas modernas a disposición de los militares, las respuestas a tales actos terroristas deben de ser tan torpes como afeitarse con un hacha, chapuceras y confusas, extendiéndose a un área mucho más amplia que la afectada por el atentado terrorista y causando más «víctimas colaterales», más «daños colaterales» y, por lo tanto, también más terror del que los terroristas podrían haber generado por sí solos con las armas de las que disponían (la «guerra contra el terrorismo», declarada tras el ataque terrorista al World Trade Center, ya ha provocado muchas más «víctimas colaterales» entre los inocentes que la salvajada a la que respondía). Esa circunstancia es, sin duda, parte integral del plan de los terroristas y la fuente principal de su fuerza, que supera con creces el poder de su número y de sus armas.

A diferencia de sus enemigos declarados, los terroristas no tienen por qué sentirse constreñidos por los limitados recursos que ellos mismos controlan. Cuando elaboran sus intenciones estratégicas y sus planes tácticos, pueden incluir entre sus bazas las reacciones esperadas y casi seguras del «enemigo», que sin duda magnificarán considerablemente el impacto que ellos han previsto de su propia atrocidad. Si el propósito de los terroristas es sembrar el terror entre la población enemiga, el Ejército y la policía enemigos se encargarán, desde luego, de que ese propósito se logre mucho más allá del grado que los mismos terroristas serían capaces de alcanzar por sí solos.

De hecho, uno solo puede repetir con Meacher: la mayoría de las veces, y con toda seguridad tras el 11 de septiembre, parece que estemos «siguiéndole el juego a Bin Laden». Se trata, como bien insiste Meacher, de una política letalmente errónea. Yo añadiría que aceptar seguirle el juego a Bin Laden es aún menos disculpable porque, aunque se justifica en público por la intención de erradicar el azote terrorista, parece seguir, en cambio, una lógica totalmente distinta de la que tal intención inspiraría y justificaría.

Meacher acusa a los gobiernos que están al frente de la «guerra contra el terrorismo» de

> falta de voluntad para ver lo que hay detrás del odio: por qué decenas de jóvenes están dispuestos a inmolarse, por qué diecinueve jóvenes con un alto nivel educativo estaban dispuestos a destruirse a sí mismos y a miles de personas más cuando secuestraron los aviones de los atentados del 11 de septiembre, y por qué la resistencia [en Irak] sigue creciendo pese a la alta probabilidad de morir que tienen los insurgentes.

En lugar de detenerse en ese tipo de observaciones, los gobiernos actúan (y algunos de ellos, con toda probabilidad, en particular el de Estados Unidos, tienen la intención de seguir en la misma línea, como ha puesto claramente de manifiesto el nombramiento como representante estadounidense ante la ONU de John R. Bolton, famoso por afirmar que «las Naciones Unidas no existen»). Como ha señalado Maurice Druon, «antes de acometer y empezar su guerra contra Irak, el Gobierno estadounidense solo contaba en la zona con cuatro agentes [del servicio de inteligencia], y encima eran todos agentes dobles».[14] Los estadounidenses comenzaron la guerra con la seguridad de que «sus tropas serían recibidas como liberadoras, con los brazos abiertos y con flores». Pero, por citar a Meacher una vez más, «la muerte de más de diez mil civiles, sumada a los veinte mil heridos y a un número aún más elevado de bajas militares iraquíes, se vio agravada un año después por el fracaso en la prestación de servicios públicos claves, [...] un desempleo galopante y un ejército, el estadounidense, que actuaba con mano dura de manera gratuita». Solo se puede concluir que, así como un pensamiento al que no sigue una acción sería sin duda inefectivo, las acciones irreflexivas resultan igual de ineficaces, por no hablar del enorme aumento de la corrupción moral y del sufrimiento humano que, además, causarían.

Las fuerzas terroristas difícilmente cederán ante esos golpes y otros similares; al contrario, es precisamente de la torpeza y de la prodigalidad desmesurada y derrochadora de su adversario de donde sacan y reponen fuerzas. El exceso no es solo la marca de las operaciones explícitamente antiterroristas; también destaca en las alertas y las advertencias que la coalición antiterrorista dirige a sus propias poblaciones. Como observó Deborah Orr hace más de un año, «muchos vuelos son interceptados, pero nunca se ha descubierto que hayan estado de verdad amenazados [...]. Los tanques y las tropas se apostaron a las afueras de Heathrow, aunque finalmente se retiraron sin encontrar nada en absoluto».[15] O tomemos el caso de la «fábrica de ricina», cuyo descubrimiento se anunció pública y vehementemente en 2003 y enseguida «se proclamó a bombo y platillo como una "prueba contundente de la continua amenaza terrorista", aunque al final el laboratorio secreto de Porton Down para la investigación de la guerra bacteriológica no pudo demostrar que alguna vez hubiera habido ricina en el piso que había sido señalado como una importante base terrorista». De hecho, como informó Duncan Campbell desde los tribunales en los que se juzgaba a los presuntos «conspiradores de la ricina»,[16] ya en una fase temprana se había demostrado que el único documento en el que se basaba el caso era una «copia exacta de páginas de un sitio de internet de Palo Alto, California»; no se pudo encontrar ningún vínculo con Kabul o con Al Qaeda, y la fiscalía se vio obligada a retirar los cargos. Ello no impidió que el entonces ministro del Interior, David Blunkett, anunciara lo siguiente dos semanas más tarde: «Se ve que tenemos realmente a Al Qaeda y su red internacional en la puerta de casa, amenazando nuestras vidas, y se demostrará en los tribunales durante los próximos meses». Mientras, en Estados Unidos, Colin Powell utilizaba la supuesta «red de ricina de Londres» como prueba de que «Irak y Osama bin Laden estaban apoyando y dirigiendo células terroristas por toda Europa dispuestas a atentar con sustancias venenosas».

Total, que, aunque hasta principios de febrero de 2004 habían sido detenidas quinientas personas en virtud de las nuevas leyes sobre terrorismo, solo dos de ellas fueron condenadas.

Orr apunta que, a raíz de todas esas estupideces, la hipótesis de que poderosos intereses comerciales contribuyen a avivar el miedo terrorista debe gozar al menos de cierta credibilidad. Abundantes datos pueden demostrar que tal sospecha es creíble. Hay indicios de que la «guerra contra el terror» ha aumentado considerablemente, en lugar de combatirla, la proliferación mundial del comercio de armas ligeras (los autores de un informe conjunto de Amnistía Internacional y Oxfam estiman que las armas ligeras, «las verdaderas armas de destrucción masiva», matan a medio millón de personas cada año).[17] También se han documentado ampliamente los beneficios que los productores y los comerciantes estadounidenses de «material y artilugios de autodefensa» obtienen de los miedos populares, que a su vez se ven reforzados y magnificados por la misma ubicuidad y alta visibilidad de dicho material y artilugios. De todos modos, es necesario reiterar que el efecto principal y más generalizado de la guerra emprendida contra los terroristas acusados de sembrar el miedo ha sido hasta ahora el miedo mismo.

Otro efecto muy visible de esa guerra han sido las restricciones de amplio alcance impuestas a las libertades personales, algunas de ellas sin precedentes desde los tiempos de la Carta Magna. Conor Gearty, profesor de Jurisprudencia de los Derechos Humanos de la London School of Economics, enumera un largo inventario de leyes que restringen las libertades humanas y que ya han sido aprobadas en Gran Bretaña bajo la rúbrica de «legislación antiterrorista»,[18] y coincide con otros muchos comentaristas preocupados por el hecho de que no es en absoluto seguro que «nuestras libertades civiles sigan aquí cuando queramos transferírselas a nuestros hijos». Hasta ahora, el poder judicial británico ha acatado la política gubernamental de que «no hay alternativa a la represión», por lo que, como concluye Gearty, «solo los idealistas liberales» y otros crédulos bienintencionados similares pueden «esperar que el poder judicial lidere a la sociedad» en la defensa de las libertades civiles en estos «tiempos de crisis».

Las historias sobre los siniestros abusos cometidos en el centro de detención de Guantánamo o en la prisión de Abu Ghraib, espacios aislados no solo de los visitantes sino también del amparo de cualquier ley nacional o internacional, y aquellas sobre el descenso gradual pero implacable hacia la inhumanidad por parte de los hombres y de las mujeres designados para cometer o supervisar esa ilegalidad, han sido publicadas en la prensa de manera suficientemente amplia para que las repitamos aquí. Sin embargo, lo que pensamos con menos frecuencia, y lo que rara vez oímos, es que los demonios que surgieron en esos lugares remotos pueden ser solo algunos ejemplares particularmente extremos, radicales e insolentes, salvajes y temerarios de una familia más amplia de lémures que rondan los desvanes y los sótanos de nuestros hogares, aquí mismo, en un mundo en el que hay pocas personas, si es que hay alguna, que sigan creyendo que cambiar la vida de los demás tiene alguna relevancia para su propia vida. Un mundo, en otras palabras, en el que cada individuo es abandonado a su suerte, mientras que la mayoría de los individuos son herramientas para la promoción de los demás.

La vida solitaria de esas personas puede ser alegre y probablemente ajetreada, pero está destinada a ser también arriesgada y temerosa. En un mundo así no quedan muchas rocas sobre las que los individuos en apuros puedan cimentar sus esperanzas de auxilio y en las que puedan confiar en caso de fracaso personal. Los vínculos humanos son holgadamente laxos, pero por esa misma razón son también muy poco fiables, y la solidaridad es tan difícil de practicar como difíciles de comprender son sus beneficios, y más aún sus virtudes morales.

El nuevo individualismo, el debilitamiento de los vínculos humanos y la decadencia de la solidaridad están grabados en la cara de una moneda cuya otra cara muestra los contornos borrosos de la «globalización negativa». En su forma actual, puramente negativa, la globalización es un proceso parasitario y predador que se alimenta de la fuerza que succiona de los cuerpos de los Estados-nación y de sus súbditos. Por citar a Attali una vez más, las naciones organizadas en Estados «dejan de tener influencia en el curso general de las cosas y en el proceso de globalización pierden todos los medios que necesitarán para orientar su destino y para resistir a las muchas formas que pueden adoptar sus miedos».

La sociedad ya no está protegida por el Estado, o al menos es poco probable que confíe en la protección que este le ofrece; ahora está expuesta a la voracidad de unas fuerzas que el Estado no controla y que ya no espera ni pretende recuperar y someter. Es principalmente por esa razón por la que los gobiernos estatales, que luchan día tras día para capear los temporales actuales, van dando tumbos de una campaña *ad hoc* de gestión de crisis a otra y de un conjunto de medidas de emergencia a otro, sin soñar con otra cosa que no sea mantenerse en el poder después de las siguientes elecciones, pero careciendo, por lo demás, de programas o de ambiciones con visión de futuro, por no hablar de estrategias de resolución radical de los problemas recurrentes de la nación. «Abierto» y cada vez más indefenso por ambos lados, el Estado-nación pierde su poder, que ahora se evapora en el espacio global, y también su perspicacia y su destreza políticas, ahora cada vez más relegadas a la esfera de la «política de la vida» individual y «subsidiada» en hombres y en mujeres individuales. Lo que el Estado y sus órganos aún conservan del poder y de la política de antaño se va reduciendo gradualmente hasta alcanzar una extensión que no ocuparía mucho más que una comisaría de policía de grandes dimensiones. Ese Estado reducido apenas puede llegar a ser otra cosa que no sea un Estado de la seguridad personal.

Tras rezumar gota a gota a través de los poros de una sociedad forzosamente abierta por las presiones de las fuerzas globalizadoras, el poder y la política se alejan el uno del otro cada vez más, siguiendo direcciones opuestas. El problema, y la imponente tarea que con toda probabilidad afrontará este siglo como desafío supremo, es volver a unir poder y política. La reunión en el domicilio del Estado-nación de esos socios separados es quizá la menos prometedora de las posibles respuestas a semejante desafío.

En un planeta negativamente globalizado, los problemas más fundamentales —los metaproblemas que condicionan el abordaje de todos los demás problemas— son *globales*, y, precisamente por ser globales, no admiten soluciones locales; no hay, ni puede haber, soluciones locales para problemas globalmente originados y globalmente reforzados. La reunión del poder y la política puede lograrse, a lo sumo, a escala planetaria. Como dijo de manera conmovedora Benjamin R. Barber, «ningún niño estadounidense puede sentirse seguro en su cama si en Karachi o en Bagdad los niños no se sienten seguros en las suyas. Los europeos no podrán alardear durante mucho tiempo de sus libertades si en otras partes del mundo la gente sigue sufriendo privaciones y humillaciones».[19] La democracia y la libertad ya no pueden asegurarse de forma plena y confiable en un único país, ni siquiera en un grupo de países; su defensa en un mundo saturado de injusticia y habitado por miles de millones de seres humanos a los que se les niega la dignidad corromperá inevitablemente los mismos valores que se deben defender. El futuro de la democracia y de la libertad puede garantizarse a escala planetaria, o bien no garantizarse en absoluto.

Podría decirse que el miedo es el más siniestro de los demonios que anidan en las sociedades abiertas de nuestro tiempo. Pero son la inseguridad del presente y la incertidumbre respecto al futuro las que incuban y engendran nuestros miedos más imponentes y menos soportables. Esa inseguridad y esa incertidumbre nacen, a su vez, de un sentimiento de impotencia: parece que ya no tenemos el control, ni individual ni solidaria ni colectivamente, y, para empeorar aún más las cosas, carecemos de las herramientas que permitirían elevar la política hasta ese espacio en el que el poder ya se ha instalado, posibilitándonos así recuperar y volver a asumir el control sobre las fuerzas que dan forma a nuestra condición compartida, al tiempo que configuran nuestro abanico de posibilidades y fijan los límites de nuestra libertad de elección; un control que ahora se nos ha escapado o nos ha sido arrancado de las manos. El demonio del miedo no será exorcizado hasta que encontremos (o, más exactamente, *construyamos)* esas herramientas.

2
Una humanidad de aquí para allá

Hace cien años, Rosa Luxemburg sugería que, pese a que el capitalismo «necesita organizaciones sociales no capitalistas como escenario para su desarrollo, procede asimilando la única condición que puede asegurar su propia existencia».[1] Las organizaciones no capitalistas proporcionan un suelo fértil para el capitalismo: el capital se alimenta de las ruinas de esas organizaciones, y, aunque ese entorno no capitalista es indispensable para la acumulación, esta última avanza, no obstante, a su costa, devorándolo.

Esa es la paradoja innata al capitalismo y, a la larga, también su perdición: el capitalismo es como una serpiente que se alimenta de su propia cola... O podemos decir lo siguiente, utilizando términos desconocidos para Luxemburg porque se inventaron hace tan solo una o dos décadas, una época en la que la distancia entre la cola y el estómago se reducía rápidamente y la diferencia entre «el que devora» y «el que es devorado» era cada vez menos evidente: el capitalismo obtiene su energía vital de la «liquidación de activos», una práctica que recientemente ha salido a la luz por las operaciones comunes de «fusiones hostiles», y que cada vez necesita más activos que puedan liquidarse; sin embargo, tarde o temprano, una vez que esa manera de proceder se aplique de modo global, sus suministros estarán destinados a agotarse, o a reducirse por debajo del nivel necesario para su sustento. Los «activos» que se «liquidan» son el resultado del trabajo de otros productores, pero, como esos productores se han visto privados de sus activos y, por lo tanto, han sido eliminados de forma gradual pero implacable, se llegará a un punto en el que ya no quedarán activos que «liquidar».

En otras palabras, Rosa Luxemburg previó un capitalismo que acabaría muriendo por falta de alimento: moriría de hambre porque habría devorado el último prado de «otredad» en el que pacía. Pero, cien años después, parece que un resultado fatal, posiblemente el *más* funesto resultado del triunfo global de la modernidad, es la aguda crisis de la industria de eliminación de «desechos humanos», ya que cada nuevo fortín conquistado por los mercados capitalistas añade otros miles o millones de individuos a la masa de hombres y mujeres ya privados de sus tierras, de sus talleres y de sus redes de seguridad comunitaria.

Jeremy Seabrook describe de un modo muy gráfico la difícil situación que hoy en día viven los pobres del mundo, expulsados de sus tierras y obligados a subsistir en los barrios marginales de la megalópolis más cercana, que crecen a gran velocidad:

> La pobreza global huye; no porque la ahuyente la riqueza, sino porque ha sido expulsada del interior de una tierra agotada y transformada [...].

> La tierra que cultivaban, adicta a los fertilizantes y a los pesticidas, ya no produce excedentes que vender en el mercado. El agua está contaminada, los canales de riego se han encenagado, el agua de los pozos se ha corrompido y no se puede beber [...]. El Gobierno se apropió de esa tierra para construir en ella un complejo turístico costero, un campo de golf, o, presionado por los planes de ajuste estructural, para exportar más productos agrícolas [...]. No había habido reparaciones en los edificios escolares. El centro de salud había cerrado. Los bosques, de los que la gente siempre había recogido combustible, fruta y bambú para reparar sus casas, se habían convertido en zonas prohibidas, vigiladas por hombres con librea de alguna empresa semimilitar privada.[2]

La cantidad de seres humanos que se han vuelto superfluos por el triunfo global del capitalismo crece de forma imparable, y ahora está a punto de superar la capacidad de gestión del planeta; existe una posibilidad plausible de que la modernidad capitalista (o el capitalismo moderno) *se atragante con sus propios productos de desecho*, que no puede volver a asimilar ni destruir por completo, y cuyos efectos tóxicos tampoco puede eliminar (hay numerosas señales del rápido aumento de la toxicidad de los desechos, que se acumulan aceleradamente).

Pese a que las mórbidas consecuencias de los desechos industriales y domésticos para el equilibrio ecológico y para la perdurabilidad de la vida en el planeta son desde hace tiempo motivo de intensa preocupación (aunque los debates no han ido seguidos precisamente de grandes acciones en ese sentido), ni de lejos hemos llegado todavía a distinguir bien y a comprender en su totalidad los profundos efectos que las crecientes masas de *desechos humanos* tienen en el equilibrio político y social de la coexistencia planetaria humana. Pero ya es hora de empezar. En una situación esencialmente novedosa como la nuestra, ni el análisis de la lista de sospechosos habituales ni el recurso a los medios acostumbrados para enfrentarse a ellos serán de mucha utilidad en el momento de dar sentido a lo que está sucediendo, y que afecta por igual, si bien de diferentes maneras, a todos los habitantes del planeta.

La nueva «plenitud del planeta» —el alcance global de los mercados financieros, de materias primas y de trabajo, así como el de la modernización gestionada por el capital y, por consiguiente, también el del modo de vida moderno— tiene dos consecuencias directas.

La primera consecuencia es la obstrucción de aquellos desagües que en el pasado permitían drenar y limpiar, de manera regular y oportuna, los relativamente escasos enclaves modernizados y en proceso de modernización del planeta de su «excedente humano», un excedente que el modo de vida moderno estaba destinado a producir a una escala cada vez mayor: la población superflua, supernumeraria y sobrante —el exceso de desechos del mercado laboral y lo que desestima la economía orientada al mercado, que exceden la capacidad de los mecanismos de reciclaje—. Una vez que el modo de vida moderno se ha extendido (o ha sido dilatado a la fuerza) hasta abarcar todo el globo y, por lo tanto, ha dejado de ser el privilegio de un número limitado de países elegidos, las tierras «vacías» o «de nadie» (más concretamente, las tierras que, gracias al diferencial de poder global, podían ser consideradas y tratadas como vacías o sin dueño por aquel sector del planeta que ya era «moderno»), que han servido durante varios siglos como desagüe primario (vertedero principal) para la eliminación de desechos humanos, se han vuelto escasas y casi han desaparecido por completo. En los países que recientemente se han subido al fastuoso carro de la modernidad (o que han caído bajo sus pesadas ruedas), en los que se están produciendo a gran escala «seres humanos sobrantes», nunca hubo tales desagües; en las sociedades llamadas «premodernas», que no generaban problemas de desechos, ya fueran humanos o no, no era necesario disponer de ellos.

Como efecto de ese doble proceso —obstrucción de los viejos desagües exteriores y no provisión de unos nuevos para la eliminación de los desechos humanos—, tanto los «antiguos modernos» como los recién llegados a la modernidad vuelven cada vez más contra sí mismos el borde afilado de las prácticas excluyentes. No cabía esperar otra cosa, porque la «diferencia» que se ha encontrado/producido en el curso de la expansión global del modo de vida moderno —pero que pudo tratarse durante varios siglos como una molestia fastidiosa aunque transitoria y enmendable, y manejarse de forma más o menos eficaz con la ayuda de estrategias «antropofágicas» o «antropoémicas» (en términos de Claude Lévi-Strauss)— ha vuelto a casa definitivamente. Pero resulta que, en casa, las estratagemas habituales que se han probado en tierras lejanas no son realistas, y todos los intentos de aplicarlas a nivel nacional conllevan riesgos no comprobados, imprevisibles y, por lo tanto, aterradores.

Como observó Clifford Geertz en su mordaz crítica a la opción actual de elegir entre el «uso de la fuerza para asegurar la conformidad con los valores de quienes poseen la fuerza» y «una tolerancia vacua que, al no comprometerse con nada, no cambia nada»,[3] ya no se dispone del poder para imponer la conformidad, mientras que la «tolerancia» ha dejado de ser un noble gesto con el que los grandes y poderosos podían aplacar, simultáneamente, su propia vergüenza y la ofensa de quienes se sentían tratados con condescendencia e insultados por su supuesta benevolencia. En nuestros tiempos, señala Geertz, «las cuestiones morales derivadas de la diversidad cultural [...] que solían surgir [...] principalmente entre sociedades [...] ahora surgen cada vez más dentro de ellas. Las fronteras sociales y culturales coinciden cada vez menos».

> El día en que la ciudad estadounidense era el principal modelo de fragmentación cultural y de agitación étnica ha pasado a la historia; el París de *nos ancêtres les gaulois* se está volviendo tan políglota y polícromo como Manhattan, y es posible que París tenga un alcalde norteafricano (o, por lo menos, eso temen muchos *gaulois)* antes de que Nueva York tenga uno hispano [...].

> El mundo está llegando, en cada uno de sus puntos locales, a parecerse más a un bazar kuwaití que a un club de caballeros ingleses [...]. *Les milieux* son todos *mixtes*. Ya no crean *Umwelte* como antes.

Si el exceso de población (esa parte que no puede ser reincorporada en los patrones de la vida «normal» ni procesada de nuevo dentro de la categoría de miembros «útiles» de la sociedad) puede ser rutinariamente retirado y transportado más allá de los límites del recinto dentro del cual se busca un equilibrio económico y una armonía social, las personas que han esquivado el transporte y permanecen dentro del recinto, aunque por el momento sean sobrantes, son destinadas al «reciclaje» o a la «rehabilitación». Solo están «fuera» momentáneamente, ya que su estado de exclusión es una anormalidad que exige remedio y terapia; es evidente que hay que ayudarlas a «volver a entrar» lo antes posible. Esas personas son el «ejército de reserva de la fuerza de trabajo» y hay que ponerlas y mantenerlas en muy buena forma, para que puedan así, a la primera oportunidad, volver al servicio activo.

Todo eso cambia, sin embargo, una vez que se obstruyen los conductos de drenaje del excedente de seres humanos. Cuanto más tiempo permanezca dentro la población «sobrante» y se codee con el resto, con aquellos que son «útiles» y «legítimos», menos claras y precisas parecerán las líneas que separan la «normalidad» de la «anormalidad», la incapacidad temporal del trato definitivo como basura. En lugar de seguir siendo una desgracia limitada a una parte relativamente pequeña de la población, como solía percibirse, acabar siendo tratados como «basura» se convierte en la perspectiva potencial de todo el mundo, uno de los polos entre los cuales oscila el estatus social presente y futuro de todos nosotros. Las herramientas y las estratagemas habituales de intervención, que se elaboraron para hacer frente a una anormalidad considerada temporal y que solo afectaba a una minoría, no bastan para lidiar con el «problema de los desechos» en esta nueva forma, ni son particularmente adecuadas para la tarea.

Por muy abrumadores que puedan ser, todos esos y otros reveses y conflictos similares tienden a magnificarse y a agudizarse aún más en aquellas partes del globo que solo recientemente se han enfrentado al fenómeno de la «población sobrante», hasta entonces desconocido para ellas, y, por lo tanto, al problema de su eliminación. En este caso, «recientemente» significa *a destiempo*, es decir, en un momento en que el planeta ya está lleno, cuando ya no quedan «tierras vacías» que sirvan de lugares para la eliminación de desechos y cuando todas las asimetrías de fronteras se vuelven firmemente contra los recién llegados a la familia de los modernos. No quedarán tierras que inviten a los excedentes de otros pueblos, ni tampoco podrán, como lo fueron en el pasado, ser obligadas a alojarlos. A diferencia de los generadores de desechos de antaño, que solían buscar y encontrar soluciones *globales* para problemas que ellos mismos originaban *localmente*, esos «recién llegados a la modernidad» se ven obligados a buscar soluciones *locales* para problemas causados *globalmente*, y a hacerlo, en el mejor de los casos, con escasas y casi siempre inexistentes posibilidades de éxito.

Ya sea voluntaria o forzada, su rendición a las presiones globales y la consiguiente apertura de su propio territorio a la circulación sin trabas de capitales y de mercancías ponen en peligro la mayoría de los negocios familiares y comunitarios que en otro tiempo tenían la capacidad y la voluntad de absorber, emplear y mantener a todos los seres humanos recién nacidos, asegurando así, la mayor parte de las veces, su supervivencia. Es ahora cuando los recién llegados al mundo de los «modernos» experimentan esa «separación entre negocio y familia», con todas las sacudidas sociales y toda la miseria humana que conlleva, un proceso por el que pasaron los pioneros de la modernidad hace cientos de años en una forma un tanto mitigada por la disponibilidad de soluciones globales para sus problemas: la abundancia de «tierras vacías» y «de nadie» que podían utilizarse con facilidad para depositar en ellas el excedente de población que ya no podía ser absorbido por una economía emancipada de las restricciones familiares y comunitarias. Definitivamente, tal lujo no está al alcance de los rezagados.

Guerras y masacres tribales, proliferación de «guerrillas» o de bandas de delincuentes y de narcotraficantes disfrazados de combatientes por la libertad, ocupados en diezmar las filas del otro pero absorbiendo y, a su debido tiempo, aniquilando en el proceso el «excedente de población» (en su mayoría jóvenes, inempleables en su país y privados de cualquier perspectiva de futuro); esa es una de las retorcidas y perversas «cuasisoluciones locales para problemas globales» a las que los últimos en llegar a la modernidad se ven obligados a recurrir, o, mejor dicho, están recurriendo. Cientos de miles de personas, a veces millones, son expulsadas de sus hogares, asesinadas u obligadas a huir fuera de las fronteras de sus países para salvar la vida. Tal vez la única industria próspera en las tierras de los rezagados (maliciosa y a menudo engañosamente llamados «países en desarrollo») sea la *producción masiva de refugiados*.

Los cada vez más prolíficos productos de esa industria son lo que el primer ministro británico proponía barrer bajo las alfombras de otros descargándolos «cerca de sus países de origen», en campamentos permanentemente temporales (maliciosa y a menudo engañosamente llamados «refugios seguros»), para que sus problemas locales siguieran siendo locales y así atajar de raíz cualquier intento por parte de los rezagados de seguir el ejemplo de los pioneros de la modernidad buscando soluciones globales (las únicas efectivas) para los problemas generados localmente. De hecho, lo que el primer ministro proponía (aunque no con las mismas palabras) era preservar el bienestar de su país a costa de exacerbar los ya inmanejables problemas de «población sobrante» de los países limítrofes con aquellos de los rezagados, en los que hay una producción masiva similar de refugiados...

Señalemos también que, a pesar de que se niega a compartir el esfuerzo en la «eliminación» y el «reciclaje de desechos», el opulento Occidente contribuye mucho a dinamizar la *producción* de residuos; no solo indirectamente, desmantelando y suprimiendo, una por una, todas las medidas anteriores en materia de profilaxis contra los desechos por «improductivas» o «económicamente inviables», sino también de forma directa, librando guerras globalizadoras y desestabilizando a un número cada vez más grande de sociedades. En vísperas de la invasión de Irak, se pidió a la OTAN que movilizara a sus ejércitos para ayudar a Turquía a cerrar su frontera con Irak ante el inminente ataque al país. Muchos estadistas de los países de la OTAN se opusieron, planteando muchas reservas ingeniosas, pero ninguno de ellos mencionó públicamente que el peligro del que Turquía necesitaba ser protegida (o eso se pensaba) era la afluencia de refugiados iraquíes que se quedarían sin hogar a causa de la invasión estadounidense, y no la amenaza de una invasión por parte del Ejército iraquí, que, como consecuencia de la ocupación estadounidense, seguramente quedaría aplastado y pulverizado.[4]

Por muy serios que sean, los esfuerzos por contener la marea de la «migración económica» no son, y es probable que no puedan serlo, cien por cien exitosos. La miseria prolongada hace que millones de personas se desesperen, y, en una época de tierra fronteriza global y de delincuencia globalizada, difícilmente cabe esperar que falten «negocios» ansiosos por ganar un dólar o unos cuantos miles de millones de dólares capitalizando esa desesperación. De ahí la formidable segunda consecuencia de la gran transformación actual: millones de migrantes vagando por los mismos senderos por los que antes había transitado la «población sobrante», expulsada de las almácigas de la modernidad, solo que esta vez en sentido inverso y sin la ayuda de ejércitos de *conquistadores,*[5] de comerciantes y de misioneros. Las verdaderas dimensiones de esa consecuencia y sus repercusiones están aún por desentrañar y por comprender en todas sus ramificaciones.

En un breve pero sagaz intercambio de opiniones que tuvo lugar en 2001 en relación con la guerra de Afganistán, Gary Younge reflexionaba sobre el estado del planeta un día *antes* del 11 de septiembre. Recordaba «un barco lleno de refugiados afganos flotando a la deriva frente a la costa de Australia», que se negaba a acogerlos (con el aplauso del 90 por ciento de los australianos), y que al final quedaron abandonados en una isla deshabitada en medio del océano Pacífico:

> Lo interesante es que fueran afganos, dado que Australia está muy involucrada ahora en la coalición y piensa que no hay nada mejor que un Afganistán liberado, y está dispuesta a enviar sus bombas para liberarlo [...]. También es interesante que ahora tengamos a un ministro de Asuntos Exteriores que compara Afganistán con los nazis pero que, cuando era ministro del Interior y un grupo de afganos aterrizó en Stansted, dijo que no había riesgo de persecución y los envió de vuelta a su país.[6]

Younge concluye que el 10 de septiembre el mundo era «un lugar sin ley» en el que tanto los ricos como los pobres sabían que «el poder es la razón», que los grandes y poderosos pueden ignorar y sortear el derecho internacional (o aquello a lo que decidan dar ese nombre) siempre que les resulte inconveniente, y que la riqueza y el poder determinan no solo la economía, sino también la moralidad y la política del espacio global y, por ende, todo lo relativo a las condiciones de vida en el planeta.

Poco después, un juez del Tribunal Superior de Justicia de Londres juzgó la legalidad del trato dispensado por las autoridades británicas a seis solicitantes de asilo que habían huido de regímenes oficialmente reconocidos como «malvados» o, cuando menos, como violadores sistemáticos de los derechos humanos o negligentes en su aplicación, tales como Irak, Angola, Ruanda, Etiopía e Irán.[7] El abogado de alto rango Keir Starmer, que actuaba en representación de los seis solicitantes, dijo al juez, el juez Collins, que las nuevas normas implementadas en Gran Bretaña habían dejado a cientos de solicitantes de asilo «tan desamparados que no podían seguir adelante con sus casos». Dormían en la calle a la intemperie, pasaban frío, hambre, miedo y enfermedades; algunos se veían «obligados a vivir en cabinas telefónicas y en aparcamientos». No se les permitía disponer «ni de dinero ni de alojamiento ni de comida», se les prohibía buscar un trabajo remunerado y a la vez se les negaba el acceso a prestaciones sociales. Y no tenían control alguno sobre el momento y el lugar en que se tramitarían sus solicitudes de asilo, ni siquiera sabían si ello sería posible. Una mujer que había escapado de Ruanda tras ser violada y golpeada repetidamente acabó pasando la noche sentada en una silla de la comisaría de Croydon, donde se le había permitido quedarse con la condición de que no se durmiera. Un hombre de Angola que había encontrado a su padre asesinado a balazos y a su madre y a su hermana abandonadas desnudas en la calle tras una violación múltiple acabó viendo cómo se le denegaba cualquier ayuda y durmiendo a la intemperie. En el caso presentado por el abogado Keir Starmer, el juez declaró ilegal la denegación de asistencia social. Pero el ministro del Interior reaccionó con enfado ante el veredicto: «Lo digo con franqueza, yo personalmente estoy harto de tener que lidiar con una situación en la que el Parlamento debate cuestiones y luego los jueces las anulan [...]. No aceptamos lo que ha dicho el juez Collins. Intentaremos anularlo».[8] De forma paralela, doscientos casos similares esperaban una decisión del tribunal.

La difícil situación de los seis solicitantes de asilo cuyo caso presentó el abogado Keir Starmer fue probablemente un efecto secundario del hacinamiento y el desbordamiento de los campamentos, planeados o improvisados, a los que de modo rutinario se transportaba a los solicitantes de asilo en cuanto aterrizaban en Gran Bretaña. El número de personas sin hogar y apátridas víctimas de la globalización crece demasiado deprisa para que en el momento de la planificación, la ubicación y la construcción de esos campamentos se le pueda seguir el ritmo.

Uno de los efectos más siniestros de la globalización es la desregulación de las guerras. La mayoría de las acciones bélicas de nuestros días, y, entre ellas, las más crueles y sangrientas, son llevadas a cabo por entidades no estatales, es decir, por entidades no sujetas a leyes estatales o cuasiestatales ni a convenciones internacionales. Son, simultáneamente, resultado y causa, auxiliar pero poderosa, de la continua erosión de la soberanía estatal y de la persistencia de las condiciones de tierra fronteriza que se dan en el espacio global «supraestatal». Los antagonismos intertribales estallan abiertamente gracias al debilitamiento del brazo del Estado; de un brazo, en el caso de los «nuevos Estados», al que nunca se le ha dado tiempo (o autorizado) para desarrollar músculo. Una vez desatadas, las hostilidades hacen que las leyes aprobadas por el Estado, incipientes o ya arraigadas, sean inaplicables y, a efectos prácticos, nulas.

La población general de ese Estado se halla entonces en un espacio sin ley; la parte de la población que decide huir del campo de batalla y consigue escapar se encuentra con otro tipo de limbo legal, el de la tierra fronteriza global. Una vez fuera de las fronteras de su país de origen, los fugitivos se ven, además, privados del respaldo de una autoridad estatal reconocida que pueda darles protección, reivindicar sus derechos e interceder en su favor ante potencias extranjeras. Los refugiados son apátridas, pero lo son en un sentido nuevo: su apatridia se eleva a un nivel del todo novedoso por la inexistencia, o la presencia meramente fantasmal, de una autoridad estatal a la que poder referir su condición de ciudadanos de un Estado. Están, como dijo Michel Agier en su penetrante estudio sobre los refugiados en la época de la globalización, *hors du nomos*, fuera de la ley;[9] no de esta o de aquella ley de este o de aquel país, sino de la *ley como tal*. Son parias y desterrados de un nuevo tipo, los productos de la globalización, el epítome y la encarnación más completos de su espíritu de tierra fronteriza. Por citar de nuevo a Agier, han sido arrojados a una situación de «deriva liminal», y no saben ni pueden saber si es transitoria o permanente. Aunque permanezcan inmóviles en algún sitio durante un tiempo, están continuamente de aquí para allá, ya que su destino (la llegada o bien el regreso) nunca dejará de ser incierto, y un lugar al que pudieran llamar «final» permanece para siempre inaccesible. Jamás se librarán de la lacerante sensación de transitoriedad, de indefinición y de provisionalidad de cualquier asentamiento en el que puedan llegar a establecerse.

La difícil situación de los refugiados palestinos, muchos de los cuales nunca han vivido fuera de los campamentos que se construyeron apresuradamente hace más de cincuenta años, ha sido bien documentada. Sin embargo, a medida que la globalización va haciendo estragos, nuevos campamentos (menos notorios y en gran parte inadvertidos u olvidados) proliferan alrededor de los núcleos de conflagración, prefigurando el modelo que Tony Blair deseaba que el Alto Comisionado de las Naciones Unidas para los Refugiados hiciera obligatorio. Por ejemplo, los tres campamentos de Dadaab, poblados entre 1991 y 1992 por tantas personas como el resto de la provincia keniata de Garissa, no muestran signos de cierre inminente, pero más de una década después, a pesar de su evidente permanencia, siguen sin aparecer en el mapa del país, pues fueron concebidos, claro está, como asentamientos temporales. Lo mismo puede decirse de los campamentos de Ifo (inaugurado en septiembre de 1991), Dagahaley (inaugurado en marzo de 1992) y Hagadera (inaugurado en junio de 1992).[10]

Una vez que eres refugiado, lo eres para siempre. Los caminos de vuelta al paraíso perdido del hogar (o, más que perdido, extinto) han quedado prácticamente cortados, y todas las salidas del purgatorio del campamento conducen al infierno... La sucesión de días vacíos, sin perspectivas esperanzadoras, dentro del perímetro del campamento puede ser dura de soportar, pero Dios no permite que los plenipotenciarios de la humanidad, ya sean designados o voluntarios, cuya labor es mantener a los refugiados dentro del campamento pero lejos de la perdición, abran la compuerta. Y, no obstante, lo hacen en múltiples ocasiones, siempre que las autoridades deciden que los exiliados ya no son refugiados porque aparentemente «es seguro regresar» a esa patria suya que hace tiempo que dejó de serlo y que no tiene nada que pueda ofrecerles o que deseen.

Hay, por ejemplo, unos novecientos mil refugiados que han huido de las masacres intertribales y de los campos de batalla de las guerras inciviles libradas durante décadas en Etiopía y Eritrea, dispersos por las regiones septentrionales de Sudán (incluido el infame Darfur), él mismo un país empobrecido y devastado por la guerra, y mezclados con otros refugiados que recuerdan con horror los campos de la muerte sursudaneses.[11] Por decisión de la agencia de la ONU, decisión refrendada por las organizaciones benéficas no gubernamentales, ya no son refugiados y, por lo tanto, ya no tienen derecho a recibir ayuda humanitaria. Sin embargo, se niegan a irse; al parecer, no creen que exista un «hogar» al que puedan «volver», ya que los hogares que recuerdan han sido destruidos o saqueados. La nueva tarea de sus guardianes humanitarios ha pasado a ser, por consiguiente, la de *hacer* que se vayan... En el campamento de Kasala, primero se cortó el suministro de agua y luego se sacó por la fuerza a los internos fuera del perímetro del campo, que, al igual que sus hogares en Etiopía, fue arrasado por completo para impedir cualquier intención de volver. La misma suerte corrieron los internos de los campamentos de Um Gulsam Laffa y Newshagarab. Según el testimonio de los aldeanos locales, unos ocho mil internos perecieron cuando se cerraron los hospitales de los campamentos, se desmantelaron los pozos de agua y se abandonó el reparto de alimentos. Ciertamente, es difícil verificar esa historia; pero de lo que uno sí puede estar seguro es de que cientos de miles de internos ya han desaparecido y siguen desapareciendo de los registros y de las estadísticas de refugiados, aunque no consiguieran escapar de esa tierra-de-ningún-lugar de la no-humanidad.

De camino a los campamentos, los futuros internos son despojados de todos los rasgos de su identidad excepto de uno: el de ser refugiados sin Estado, sin lugar, sin funciones y «sin papeles». Dentro del perímetro cercado del campamento, habiéndoseles negado el acceso a esas comodidades elementales que configuran las identidades y a esos hilos con los que habitualmente estas se tejen, quedan reducidos a una masa sin rostro. Convertirse en «*un* refugiado» significa perder

> los medios sobre los cuales descansa la existencia social, es decir, un conjunto ordinario de cosas y personas portadoras de significado: tierra, casa, pueblo, ciudad, padres, posesiones, trabajos y otros puntos de referencia cotidianos. Esas criaturas a la deriva y a la espera no tienen más que su «nuda vida», cuya continuación depende de la ayuda humanitaria.[12]

En cuanto a ese último aspecto, abundan las sospechas. ¿Acaso la figura del asistente humanitario, ya sea contratado o voluntario, no es en sí misma un eslabón importante de la cadena de la exclusión? Existen dudas sobre si las agencias humanitarias, al hacer todo lo posible por alejar a la gente del peligro, no ayudan en realidad, sin darse cuenta, a los «purificadores étnicos». Agier se pregunta si el trabajador humanitario no es un «agente de exclusión a menor coste» y, lo que es aún más importante, un dispositivo concebido para descargar y disipar la ansiedad del resto del mundo, para absolver la culpa y aplacar los escrúpulos de los espectadores, así como para disminuir la sensación de urgencia y el miedo a la contingencia. Poner a los refugiados en manos de «trabajadores humanitarios» (y cerrar los ojos ante los guardias armados que hay en segundo plano) parece ser, en efecto, la forma ideal de conciliar lo irreconciliable: el incontenible deseo de deshacerse de los desechos humanos nocivos y, al mismo tiempo, satisfacer el propio y conmovedor deseo de rectitud moral.

> Es posible que pueda aligerarse la mala conciencia provocada por la difícil situación que vive la parte maldita de la humanidad. Para lograr ese efecto, bastará con dejar que el proceso de biosegregación, de conjurar y restaurar identidades teñidas de guerra, de violencia, de éxodo, de enfermedad, de miseria y de desigualdad, un proceso que ya está en pleno auge, siga su curso. Los portadores del estigma se mantendrán definitivamente a distancia en razón de su menor humanidad, es decir, de su deshumanización tanto física como moral.[13]

Los refugiados son la encarnación misma del «desecho humano», personas sin ninguna función útil que desempeñar en la tierra a la que han llegado y en la que van a permanecer de forma temporal, y sin intención ni perspectiva realista algunas de ser asimiladas e incorporadas al nuevo cuerpo social. Desde el lugar en el que ahora se encuentran, su actual vertedero, no hay posibilidad de retorno ni tampoco un camino hacia delante (a menos que sea un camino hacia lugares aún más lejanos, como en el caso de los refugiados afganos escoltados por buques de guerra australianos hasta una isla alejada de todos los caminos transitados y por transitar). Una distancia lo bastante grande para impedir que los efluvios venenosos de la descomposición social lleguen a lugares habitados por los nativos es el criterio principal por el que se rige la elección de la ubicación de sus campamentos permanentemente temporales. Fuera de ese lugar, los refugiados serían vistos como un estorbo y como un problema; dentro de ese lugar, son olvidados. Al mantenerlos allí e impedir que salgan, al hacer que la separación sea definitiva e irreversible, «la compasión de unos y el odio de otros» cooperan para producir el mismo efecto de tomar distancia y permanecer a distancia.[14]

No quedan más que los muros, el alambre de espino, las puertas controladas, los guardias armados. Todo eso es lo que define la identidad de los refugiados, o, más bien, lo que acaba con su derecho a autodefinirse, y más aún a autoafirmarse. Todos los desechos, incluidos los humanos, tienden a acumularse indiscriminadamente en el mismo vertedero. El acto de tratar a alguien o algo como basura acaba con las diferencias, con las individualidades, con las idiosincrasias. Los desechos no necesitan finas distinciones ni sutiles matices, a menos que se destinen al reciclaje. Pero las posibilidades que tienen los refugiados de ser reciclados en miembros legítimos y reconocidos de la sociedad humana son, cuando menos, escasas e infinitamente remotas. Se han tomado todas las medidas para asegurar la permanencia de su exclusión. Personas sin cualidades han sido depositadas en un territorio sin denominación, mientras que se han bloqueado para siempre todos los caminos que llevan hacia atrás o hacia delante, hacia lugares significativos y hacia esos espacios en los que se pueden forjar, y se forjan a diario, significados socialmente legibles.

Dondequiera que vayan, los refugiados no son deseados, y no se les deja duda alguna al respecto. Los reconocidos como «migrantes económicos» (es decir, las personas que siguen el precepto de la «elección racional», ensalzado por el coro neoliberal, y que, por lo tanto, intentan encontrar un medio de vida allí donde se puede encontrar, en lugar de quedarse donde no lo hay) son condenados abiertamente por los mismos gobiernos que se esfuerzan por hacer de la «flexibilidad laboral» la principal virtud de su electorado, y que exhortan a sus desempleados nativos a «ponerse en marcha» e ir allí donde están los compradores de mano de obra. Pero la suspicacia de los motivos económicos también se extiende a esos recién llegados que no hace mucho tiempo se consideraba que ejercían sus derechos humanos al buscar asilo contra la discriminación y la persecución. Por esa reiterada asociación, la expresión «solicitante de asilo» ha adquirido una connotación despectiva. Los estadistas de la «Unión Europea» emplean la mayor parte de su tiempo y de su inteligencia en idear formas cada vez más sofisticadas de fortificar las fronteras y en concebir los procedimientos más convenientes para deshacerse de aquellos que, en busca de pan y de refugio, han logrado, pese a todo, cruzarlas.

David Blunkett, cuando era ministro del Interior británico, no quiso ser menos y propuso en una ocasión chantajear a los países de origen de los refugiados para que aceptaran de vuelta a los «solicitantes de asilo no cualificados», recortando la ayuda financiera a aquellos que no lo hicieran.[15] Esa no fue su única idea novedosa; Blunkett deseaba «forzar el ritmo del cambio», quejándose de que, debido a la falta de brío entre los otros líderes europeos, «los avances han sido demasiado lentos». Quería que se crearan una «fuerza conjunta de operaciones rápidas» de ámbito europeo y un «grupo de trabajo de expertos nacionales» para «valorar los riesgos comunes, identificando los puntos débiles de la Unión Europea [...] las fronteras exteriores, abordando la cuestión de la inmigración ilegal marítima y afrontando la lucha contra el tráfico de seres humanos» (la nueva expresión destinada a sustituir, y a vilipendiar, al antaño noble concepto de «pasaje»).

Con la cooperación activa de los gobiernos y de otras figuras públicas que encuentran en la complicidad con los prejuicios populares el único sustitutivo disponible para enfrentarse a las fuentes genuinas de la incertidumbre existencial que acecha a sus electores, los «solicitantes de asilo» han sustituido ahora a las brujas de mirada torva y a otros malhechores impenitentes, a los espíritus malignos y a los duendes de las antiguas leyendas urbanas. El nuevo folclore urbano, en rápida expansión, otorga a las víctimas de la marginación planetaria el papel de los «malos de la película», al tiempo que recoge, reúne y recicla las espeluznantes historias de terror del acervo popular, para las cuales las inseguridades de la vida urbana han generado, ahora y en el pasado, una demanda constante y cada vez más entusiasta. Como ha sugerido Martin Bright, los infames disturbios contra los inmigrantes en la ciudad británica de Wrexham «no fueron un hecho aislado. Los ataques a los solicitantes de asilo se están convirtiendo en la norma en el Reino

Unido».[16] En Plymouth, por ejemplo, esos ataques se han convertido en rutina. «Sonam, un agricultor nepalí de veintitrés años, llegó a Plymouth hace ocho meses. Su sonrisa cautelosa revela que le faltan dos dientes, dientes que no perdió en los violentos conflictos de su país, sino al volver de la tienda de la esquina, en Davenport.»

La hostilidad de los autóctonos, junto con la denegación por parte de las autoridades de subsidios estatales a los recién llegados que no soliciten asilo nada más llegar, el recorte de los fondos disponibles para «protección humanitaria» y la dura política de deportación dirigida a los refugiados «indeseados» (10.740 deportados en 2002, 1300 detenidos en espera de deportación en junio de 2003), han provocado un fuerte descenso de las solicitudes de asilo: de 8900 en octubre de 2002 a 3600 en junio de 2003. Los datos fueron interpretados por David Blunkett, en tono triunfal, como la evidencia del loable éxito de la política del Gobierno y la prueba irrefutable de que las «duras» medidas «estaban funcionando». Estaban, en efecto, «funcionando», si bien el Refugee Council señaló que «impedir simplemente que las personas entren en el Reino Unido» apenas si puede anunciarse como un «éxito», teniendo en cuenta que «algunas de esas personas pueden necesitar desesperadamente nuestra ayuda».[17]

A aquellos inmigrantes que, a pesar de las estratagemas más ingeniosas, no puedan ser deportados de inmediato, el Gobierno propone confinarlos en campamentos que posiblemente se construirán en zonas remotas y aisladas del país (un paso que convierte en una profecía autocumplida la creencia generalizada de que «los inmigrantes no quieren o no pueden integrarse en la vida económica del país»). El Gobierno ha estado ocupado, como advirtió Gary Younge, «levantando, efectivamente, bantustanes alrededor de la campiña británica, acorralando a los refugiados de manera que queden aislados y en situación vulnerable».[18] Los solicitantes de asilo, concluía Younge, «tienen más probabilidades de ser víctimas de delitos que de cometerlos».

De aquellos refugiados inscritos en los registros del ACNUR, el Alto Comisionado de las Naciones Unidas para los Refugiados, el 83,2 por ciento han sido ubicados en campamentos de África, y el 95,9 por ciento, de Asia. En Europa, hasta ahora solo el 14,3 por ciento de los refugiados han sido recluidos en campamentos. Pero de momento hay pocas esperanzas de que la diferencia a favor de Europa se mantenga por mucho tiempo.

Los refugiados se ven atrapados en un fuego cruzado; más exactamente, en un difícil atolladero.

Son expulsados por la fuerza o atemorizados para que huyan de sus países de origen, pero se les niega la entrada a cualquier otro. No *cambian* de lugar; *pierden* su lugar en la tierra y son catapultados a ninguna parte, a los «no lugares» de Augé o a las «*nowherevilles*» de Garreau, o embarcados en los «*Narrenschiffen*» de Michel Foucault, «lugares sin lugar», a la deriva, «que existen por sí mismos, que se encierran en sí mismos y al mismo tiempo se entregan a la infinitud del mar»,[19] o bien, como sugiere Michel Agier, son arrojados a un desierto, por definición una tierra *des*habitada, una tierra resentida con los humanos y rara vez visitada por ellos.

Los campamentos de refugiados o de solicitantes de asilo son artificios de instalación temporal convertidos en permanentes mediante el bloqueo de sus salidas. Permítaseme repetirlo: los internos de los campos de refugiados o de «solicitantes de asilo» no pueden volver «al lugar de donde han venido», ya que los países de los que han salido no los quieren de vuelta, sus medios de subsistencia han sido anulados, sus hogares han sido destruidos, arrasados o saqueados; pero tampoco hay para ellos un camino que poder seguir, porque ningún gobierno verá con agrado una afluencia a su país de millones de personas sin hogar, y cualquier gobierno hará todo lo posible por evitar que los recién llegados se establezcan en su territorio.

Por lo que respecta a su nueva ubicación «permanentemente temporal», los refugiados están «ahí, pero no son de ahí». No pertenecen, en realidad, al país en cuyo territorio se han construido sus barracas o levantado sus tiendas. Están separados del resto del país de acogida por un velo invisible, aunque tupido e impenetrable, de sospecha y de resentimiento. Han quedado suspendidos en un vacío espacial en el que el tiempo se ha detenido. No se han asentado ni tampoco se desplazan; no son sedentarios ni tampoco nómadas.

En los términos que habitualmente se emplean para hablar de las identidades humanas, son *ine-*

fables. Son los «indecidibles» de Jacques Derrida hechos carne. Entre personas como nosotros, que somos elogiados por los demás y que nos enorgullecemos de nuestro dominio del arte de la reflexión y la autorreflexión, no solo son in*toca*bles, sino también im*pensa*bles. En un mundo lleno hasta los topes de comunidades imaginadas, ellos son los *inimaginables*. Y, negándoles el derecho a ser imaginados, los demás, reunidos en comunidades auténticas o que esperan llegar a serlo, buscan credibilidad para sus propias labores de imaginación.

Los campamentos de refugiados cuentan con una nueva cualidad: una «transitoriedad congelada», un estado continuo y duradero de provisionalidad, una duración compuesta de momentos pegados unos con otros, ninguno de los cuales se vive como un elemento de la perpetuidad, y mucho menos como una contribución a ella. Para los internos de los campos de refugiados, la posibilidad de las secuelas a largo plazo y sus consecuencias no forma parte de la experiencia. Aquellos que se hallan recluidos en campos de refugiados viven, literalmente, día a día, y el contenido de la vida cotidiana no se ve afectado por el hecho de saber que los días se combinan formando meses y años. Al igual que en las prisiones y en los «hiperguetos» escudriñados y gráficamente descritos por Loïc Wacquant, los refugiados confinados en campamentos «aprenden a vivir, o, más bien, a sobrevivir [*(sur) vivre*] día a día en la inmediatez del momento, bañados en [...] la desesperación que se gesta tras los muros».[20]

Empleando los términos derivados de los análisis

de Loïc Wacquant,[21] podemos decir que los campos de refugiados mezclan, conjugan y gelifican los rasgos distintivos del «gueto comunitario» de la era Ford-Keynes y los del «hipergueto» de nuestros tiempos posfordistas y poskeynesianos. Si los «guetos comunitarios» eran «minisociedades» relativamente autosuficientes y autorreproductoras, con réplicas en miniatura de la estratificación de la sociedad en general, de las divisiones funcionales y de las instituciones requeridas para atender todo el inventario de necesidades de la vida comunitaria, los «hiperguetos» son cualquier cosa menos comunidades autosuficientes. Podemos decir que son montones de «cabos sueltos»: concentraciones artificiales y abiertamente incompletas de lo que ha sido rechazado; conglomerados, pero no comunidades; condensaciones topográficas incapaces de sobrevivir por sí mismas. Una vez que las élites de los «guetos comunitarios» consiguieron salir y dejaron de alimentar la red de operaciones económicas que preservaba (aunque lo hiciera de forma precaria) la subsistencia del resto de la población del gueto, entraron en acción los organismos de asistencia y de control gestionados por el Estado (ambas funciones, por lo general, van estrechamente unidas). Los internos del «hipergueto» se encuentran suspendidos de unos hilos cuyo origen se sitúa más allá de sus límites y, con toda seguridad, más allá de su control.

Michel Agier encontró en los campamentos de refugiados algunas características de los «guetos comunitarios», pero entreveradas con los atributos del «hipergueto».[22] Cabe suponer que semejante combinación refuerza aún más el vínculo que liga a los internos al campo. La atracción que mantiene unidos a los habitantes del «gueto comunitario» y la presión que congrega a los marginados en un «hipergueto», dos fuerzas en sí mismas muy poderosas, aquí se solapan, se superponen y se refuerzan mutuamente. En combinación con la hostilidad borboteante y enconada del entorno exterior, generan de manera conjunta una demoledora fuerza centrípeta a la que es difícil oponerse, volviendo casi superfluas las infames técnicas de encierro y aislamiento desarrolladas por los gestores y los supervisores de los Auschwitz o de los gulags. Más que cualquier otro micromundo social artificial, los campamentos de refugiados lindan con el tipo ideal de «institución total» de Erving Goffman: ofrecen, por comisión o por omisión, una «vida total» de la que no se puede escapar y, por consiguiente, impiden con efectividad el acceso a cualquier otra forma de vida.

La permanencia de la transitoriedad; la durabilidad de lo pasajero; la determinación objetiva no reflejada en la consecuencialidad subjetiva de las acciones; la función social por siempre infradefinida o, más exactamente, una inserción en el flujo de la vida sin el ancla de una función social: todas esas características de la vida líquida moderna y otras relacionadas con ellas han sido expuestas y documentadas en las pesquisas de Agier.

Uno se pregunta, sin embargo, hasta qué punto los campamentos de refugiados pueden considerarse laboratorios en los que (quizá sin saberlo, pero no por ello con menos brío) se pone a prueba y se ensaya el nuevo patrón de vida líquida moderna «permanentemente transitoria»...

Los refugiados y los inmigrantes, que vienen de «muy lejos» pero intentan establecerse en el territorio, son particularmente adecuados para ser utilizados como símbolo del espectro de las «fuerzas globales», temidas y molestas por hacer su trabajo sin consultar con aquellos que han de padecer sus consecuencias, y quemarlo en efigie. Al fin y al cabo, los solicitantes de asilo y los «migrantes económicos» son réplicas colectivas (¿sus *alter ego?*, ¿sus compañeros de viaje?, ¿sus imágenes especulares?, ¿sus caricaturas?) de la nueva élite de poder del mundo globalizado, de la que mucha gente sospecha (y con razón) que es la verdadera mala de la película. Como esa élite, no están vinculados a ningún lugar, son sospechosos e impredecibles. Como esa élite, encarnan ese insondable «espacio de flujos» en el que hunde sus raíces la precariedad actual de la condición humana. Buscando en vano otras salidas más adecuadas, los miedos y las ansiedades abandonan sus objetivos más cercanos y resurgen como resentimiento popular y miedo a los «extraños próximos». La incertidumbre no puede apaciguarse ni dispersarse en una confrontación directa con la otra encarnación de la extraterritorialidad, esa élite global que fluye a la deriva, fuera del alcance del control humano. Esa élite es demasiado poderosa para enfrentarse a ella y desafiarla de un modo directo, incluso si se conociera su ubicación exacta (y no es el caso). Los refugiados, por el contrario, desafortunados y desamparados, son un blanco claramente visible, estable y fácil para descargar la ira sobrante, aunque no tengan ninguna relación ni con las miserias ni con el temor de más miserias que provocaron esa ira.

Permítaseme añadir que, cuando se enfrentan a una afluencia de «forasteros», los «establecidos» (para emplear los memorables términos de Norbert Elias) tienen todos los motivos para sentirse amenazados. Además de representar «lo desconocido» que todos los «extranjeros entre nosotros» encarnan, esos en particular, los refugiados, traen a casa el eco lejano de la guerra y el hedor de hogares destruidos y de aldeas reducidas a cenizas, cosas que no pueden sino recordar a los establecidos lo fácil que es horadar o aplastar el capullo de su rutina segura y familiar (segura *porque* es familiar) y lo engañosa que debe de ser la seguridad de su asentamiento. El refugiado, como señaló Bertolt Brecht en *Die Landschaft des Exils*, es *«ein Bote des Unglücks»* («un mensajero de la desgracia»).

La de 1970 fue la década en la que los «gloriosos treinta años» de reconstrucción de posguerra, de pacto social y de optimismo desarrollista que acompañaron el desmantelamiento del sistema colonial y la proliferación de «nuevas naciones» fueron quedándose en el pasado, dando paso a un mundo feliz de fronteras borradas o rotas, a la avalancha de información, a la globalización desenfrenada, al festín consumista en el Norte opulento y al «sentimiento cada vez más profundo de desesperación y de exclusión en gran parte del resto del mundo», derivado del «espectáculo de riqueza por un lado y de miseria por el otro».[23] Ahora, en retrospectiva, podemos verlo como un auténtico punto de inflexión en la historia contemporánea. A finales de esa década, el escenario en el que los hombres y las mujeres se enfrentaban a los desafíos de la vida se había transformado de manera subrepticia pero radical, invalidando la sabiduría vital existente y exigiendo una revisión y una renovación exhaustivas de las estrategias de vida.

El bloqueo de las «soluciones globales para problemas generados localmente», y, más en concreto, la crisis actual de la «industria de eliminación de desechos humanos», repercuten en el trato que reciben los refugiados y los solicitantes de asilo por parte de los países a los que se dirigen los migrantes globales en su búsqueda de seguridad frente a la violencia y de pan y agua potable; también están transformando radicalmente la difícil situación de los «excluidos internos» dentro de esos países.

Uno de los aspectos más funestos del cambio en el trato dispensado a los «excluidos internos» (ahora rebautizados como «clase marginal») se reveló con relativa prontitud y desde entonces ha sido documentado al detalle: a saber, el paso de un modelo de «Estado social» de comunidad inclusiva a un Estado de «justicia criminal», a un Estado «penal», de «control de la delincuencia» o «excluyente». David Garland, por ejemplo, observa que

> el énfasis se ha desplazado marcadamente de la modalidad asistencial a la penal [...]. La modalidad penal, además de ser cada vez más prominente, se ha vuelto

> más punitiva, más expresiva, más propensa a la seguridad [...]. La modalidad asistencial, además de enmudecer, se ha vuelto más condicional, más centrada en el delito, más consciente del riesgo [...].
>
> Ahora es menos probable que el discurso oficial represente a los delincuentes como ciudadanos socialmente desfavorecidos que necesitan ayuda. En lugar de ello, los describe como individuos culpables, indignos y un tanto peligrosos.[24]

Loïc Wacquant advierte que hay una «redefinición de la misión del Estado»;[25] el Estado «se retira de la arena económica, afirmando la necesidad de limitar su papel social a la ampliación y el fortalecimiento de su intervención penal».

Ulf Hedetoft describe el mismo aspecto de aquella transformación que tuvo lugar hace más treinta años desde otra vertiente (aunque íntimamente relacionada con la anterior), la que apunta hacia los «excluidos externos», hacia los inmigrantes potenciales.[26] Señala que «se están redibujando las fronteras entre Nosotros y Ellos con más rigidez» que nunca. Siguiendo a Andreas y Snyder,[27] Hedetoft sugiere que, además de volverse más selectivas y diversificadas en las formas que han adoptado, las fronteras se han convertido en lo que podría denominarse «membranas asimétricas»: permiten la salida, pero «protegen contra la entrada no deseada de individuos procedentes del otro lado». Con ese último propósito, a los convencionales puestos de control migratorio que se mantienen a lo largo de la línea de la frontera territorial se han añadido puestos fronterizos lejanos, como los controles en los puertos de salida marítimos y aéreos de otros países:

> al redoblar las medidas de control en las fronteras exteriores y, de análoga importancia, establecer un régimen más estricto de expedición de visados en los países de emigración «del Sur» [...]. [Las fronteras] se han diversificado, al igual que los controles fronterizos, que no solo tienen lugar en los sitios convencionales [...] sino también en aeropuertos, en embajadas y en consulados, en centros de asilo y en el espacio virtual, en forma de colaboración reforzada entre la policía y las autoridades de inmigración de diferentes países.

Como si quisiera aportar una prueba inmediata de la tesis de Hedetoft, el primer ministro británico se reunió con Ruud Lubbers, el alto comisionado de las Naciones Unidas para los refugiados, para sugerirle la creación de «refugios seguros» para los posibles solicitantes de asilo *cerca de sus hogares*, o sea, a una distancia segura de Gran Bretaña y de otros países acomodados que hasta hace poco eran sus destinos naturales. En la neolengua típica de la era posterior a la Gran Transformación, el entonces ministro del Interior, David Blunkett, describió el tema de la conversación entre Blair y Lubbers como «nuevos desafíos para los países desarrollados, planteados por aquellos que utilizan el sistema de asilo como ruta hacia Occidente» (empleando esa neolengua, uno podría quejarse, por ejemplo, del desafío que para los establecidos suponen los náufragos que utilizan el sistema de salvamento como ruta hacia tierra firme).

Por el momento, Europa y sus avanzadas de ultramar (como Estados Unidos o Australia) parecen buscar una respuesta a sus problemas desconocidos en políticas igualmente desconocidas que casi nunca se han implementado en la historia europea; se trata de políticas que miran hacia dentro en lugar de hacerlo hacia fuera, que son centrípetas en lugar de centrífugas e implosivas en lugar de explosivas, como son el atrincheramiento, el repliegue sobre sí mismas, la construcción de alambradas coronadas con una red de aparatos de rayos X y circuitos cerrados de televisión, la colocación de más funcionarios en los servicios internos de inmigración y de más guardias fronterizos en el exterior, el endurecimiento de las leyes de inmigración y naturalización, el mantenimiento de los refugiados en campamentos aislados y estrechamente vigilados y la detención de aquellos migrantes que intentan acceder al país mucho antes de que lleguen a sus fronteras y tengan la oportunidad de solicitar el estatus de refugiados o de solicitantes de asilo. En resumen: sellan sus dominios contra las multitudes que llaman a sus puertas mientras hacen muy poco, si es que hacen algo, por aliviar esa presión a través de la eliminación de sus causas.

Naomi Klein ha observado una tendencia cada vez más fuerte y más generalizada (impulsada por la Unión Europea, pero seguida rápidamente por Estados Unidos) hacia una «fortaleza regional de varios estratos:

> Un continente fortaleza es un bloque de naciones que unen sus fuerzas para obtener condiciones comerciales

favorables de otros países, mientras patrullan sus fronteras exteriores comunes para mantener fuera a la gente de esos países. Pero si un continente se toma en serio eso de ser una fortaleza, también tiene que invitar a uno o dos países pobres a atravesar sus muros, porque alguien tiene que hacer el trabajo sucio y pesado.[28]

El Tratado de Libre Comercio de América del Norte (TLCAN), el mercado interior de Estados Unidos ampliado para incorporar a Canadá y a México («después del petróleo», apunta Naomi Klein, «la mano de obra inmigrante es el combustible que impulsa la economía del sudoeste» de Estados Unidos), se complementó en julio de 2001 con el «Plan Sur», según el cual el Gobierno mexicano asumía la responsabilidad de la vigilancia policial masiva de su frontera meridional, frenando eficazmente la marea de desechos humanos empobrecidos que fluye hacia Estados Unidos desde los países latinoamericanos. Desde entonces, cientos de miles de migrantes han sido detenidos, encarcelados y deportados por la policía mexicana antes de que llegaran a las fronteras de Estados Unidos. En cuanto a la Fortaleza Europa, Naomi Klein sugiere que «Polonia, Bulgaria, Hungría y la República Checa son los siervos posmodernos, que proporcionan las fábricas con bajos salarios en las que se producen ropa, dispositivos electrónicos y automóviles por el 20 o el 25 por ciento de lo que costaría fabricarlos en Europa occidental». Dentro de los continentes fortaleza se ha establecido «una nueva jerarquía social» en un intento de cuadrar el círculo, de encontrar un equilibrio entre postulados descaradamente contradictorios pero también vitales: fronteras herméticas y fácil acceso a mano de obra barata, poco exigente y dócil, dispuesta a aceptar y a hacer todo lo que se le ofrezca; libre comercio y condescendencia con los sentimientos antiinmigración, esa paja a la que se agarran los gobiernos que se hacen cargo de la soberanía zozobrante de los Estados-nación para tratar de salvar su legitimación, que se desmorona con rapidez. «¿Cómo mantenerte abierto a los negocios y cerrado a la gente?», pregunta Klein. Y contesta: «Es fácil. Primero amplías el perímetro. Luego cierras la puerta».

Los fondos que la Unión Europea transfirió de buen grado y sin regateos a los países de Europa central y oriental, antes, incluso, de que se aceptara su ingreso en la Unión, fueron destinados a tecnología punta que tenía por objeto hacer impermeables a los forasteros sus fronteras orientales, que pronto se convertirían en las fronteras orientales de la «fortaleza Europa»...

Tal vez las dos tendencias señaladas aquí sean tan solo dos manifestaciones relacionadas de la misma preocupación, aumentada y casi obsesiva, por la seguridad; tal vez ambas puedan explicarse por un cambio en el equilibrio entre las tendencias inclusivistas y exclusivistas, eternamente presentes; o tal vez sean fenómenos sin relación alguna el uno con el otro, cada uno sujeto a su propia lógica. Sin embargo, puede demostrarse que, sean cuales sean sus causas inmediatas, ambas tendencias derivan de la misma raíz: *la expansión global del modo de vida moderno, que ya ha alcanzado los límites más remotos del planeta,* anulando la división entre «centro» y «periferia» o, más exactamente, entre formas de vida «modernas» (o «desarrolladas») y «premodernas» (o «subdesarrolladas» o «atrasadas»), una división que acompañó la mayor parte de la historia moderna, cuando la revisión de las formas recibidas se limitaba a un sector del globo relativamente reducido, aunque en constante expansión. Mientras se mantenía más bien limitado, ese sector podía utilizar el diferencial de poder resultante como válvula de seguridad para protegerse del sobrecalentamiento, y usar el resto del planeta como vertedero para los residuos tóxicos de su propia y continua modernización.

El planeta, no obstante, ahora está lleno; eso significa, entre otras cosas, que procesos típicamente modernos como la construcción del orden y el progreso económico tienen lugar en todas partes y, por lo tanto, que los «desechos humanos» se producen y se vierten en todas partes en cantidades cada vez más grandes; esta vez, sin embargo, los vertederos «naturales» adecuados para su almacenamiento y potencial reciclaje son inexistentes. El proceso que Rosa Luxemburg anticipó por primera vez hace un siglo (aunque ella lo describió en términos principalmente económicos, más que explícitamente sociales) ha alcanzado su límite máximo.

3
Estado, democracia y manejo de los miedos

Ha sido sobre todo en Europa y en sus antiguos dominios, sus vástagos de ultramar, sus ramificaciones y sus sedimentaciones (así como en algunos otros «países desarrollados» que mantienen con Europa un vínculo de tipo *Wahlverwandtschaft*, de afinidad, más que de tipo *Verwandtschaft*, de consanguinidad), donde más espectacularmente han triunfado en los últimos años el miedo ambiental y la obsesión por la seguridad.

Cuando se observa separado de otros cambios trascendentales acaecidos en los «últimos años», ese hecho parece ser un misterio. Después de todo, como señala con acierto Robert Castel en su incisivo análisis de las ansiedades que promueve la inseguridad actual, «nosotros —al menos en los países desarrollados— vivimos sin duda en algunas de las sociedades más seguras *(sûres)* que jamás hayan existido».[1] Y, sin embargo, en contra de la «evidencia objetiva», somos precisamente «nosotros», mimados y consentidos, los que nos sentimos más amenazados, más inseguros y más asustados, los que propendemos al pánico y nos apasionamos con todo lo que esté relacionado con la seguridad y la protección, más de lo que lo hace la gente de la mayoría de las sociedades de las que hay constancia.

Sigmund Freud se enfrentó sin rodeos al misterio de los miedos en apariencia injustificados y sugirió que su solución debía buscarse en el firme desafío de la psique humana a la árida «lógica de los hechos».[2] El sufrimiento humano (y, por lo tanto, también el miedo al sufrimiento, que es el más irritante y posiblemente el más exasperante de los sufrimientos) surge del «poder superior de la naturaleza, de la fragilidad de nuestro propio cuerpo y de la insuficiencia de las normas que regulan las relaciones mutuas entre los seres humanos en la familia, en el Estado y en la sociedad».

En cuanto a las dos primeras causas mencionadas por Freud, nos las ingeniamos de un modo u otro para reconciliarnos con los límites últimos de lo que podemos hacer: sabemos que nunca dominaremos por completo la naturaleza y que no conseguiremos que nuestros cuerpos mortales sean inmortales o inmunes al despiadado flujo del tiempo, por lo que, cuando menos en ese ámbito, estamos dispuestos a conformarnos con la opción «número dos». El conocimiento de los límites, no obstante, puede ser tan estimulante y energizante como deprimente e incapacitante: si bien no podemos eliminar *todos* los sufrimientos, sí podemos desterrar *algunos* y mitigar *otros;* merece la pena intentarlo, intentarlo una y otra vez. Así que lo intentamos tanto como podemos, y nuestras sucesivas intentonas consumen la mayor parte de nuestra energía y de nuestra atención, dejando poco espacio para la reflexión luctuosa y para la preocupación que genera saber que algunas mejoras, por lo demás deseables, estarán para siempre fuera de nuestro alcance, haciendo que todos los intentos por alcanzarlas sean una pérdida de tiempo precioso.

Sin embargo, la cosa es bastante diferente en el caso del tercer tipo de sufrimiento: la infelicidad que tiene un origen genuina o presuntamente *social*. *Todo* lo que ha sido hecho por seres humanos puede ser rehecho *por seres humanos*. En ese caso, por lo tanto, no aceptamos ningún límite cuando se trata de rehacer la realidad; rechazamos la posibilidad de que nuestros proyectos puedan tener límites preestablecidos y fijados de una vez para siempre, de modo que no se puedan romper con la debida determinación y buena voluntad: «no vemos por qué las normas elaboradas por nosotros mismos no deberían [...] ser una protección y un beneficio para cada uno de nosotros». Cualquier clase de infelicidad determinada socialmente es, por consiguiente, un desafío, un abuso y una llamada a las armas. Si la «protección de verdad disponible» y los beneficios de los que disfrutamos se quedan cortos con respecto a lo que sería ideal, si las relaciones no acaban de ser de nuestro agrado, si las normas no son lo que deberían ser (o lo que creemos que podrían ser), tendemos a sospechar que hay, por lo menos, una falta censurable de buena voluntad, pero la mayoría de las veces suponemos que existen algunas maquinaciones hostiles, complots, conspiraciones, una intención criminal, un enemigo en la puerta o debajo de la cama, un culpable con un nombre y una dirección aún por desvelar, aún por llevar ante la justicia. Malicia premeditada, en resumen.

Castel llega a una conclusión similar, tras descubrir que la inseguridad de nuestros días no se deriva de una *falta* de protección, sino de la *«sombra proyectada* sobre su esfera de acción» *(ombre portée)* en un universo social que «se ha organizado en torno a un afán infinito de protección y a una búsqueda frenética de seguridad».[3] La desgarradora e irremediable experiencia de la inseguridad es un efecto secundario de la convicción de que, con los conocimientos adecuados y el esfuerzo apropiado, *se puede alcanzar la seguridad total* («se puede hacer», «podemos hacerlo»). Así, si luego resulta que *no* se consigue, el fracaso solo puede explicarse por un acto malvado y con mala intención. En esa película tiene que haber un malo.

Podemos decir que la variante moderna de la inseguridad tiene como rasgo distintivo esencial el miedo a la maldad *humana* y a los malhechores. Está atravesada por la desconfianza hacia otros seres humanos y sus intenciones y por la negativa a confiar en la constancia y en la fiabilidad de la compañía humana, y deriva en última instancia de nuestra incapacidad o de nuestra poca disposición para hacer que esa compañía sea duradera y fiable, y, por consiguiente, digna de confianza.

Castel atribuye a la actual individualización la responsabilidad de ese estado de cosas; sugiere que la sociedad moderna, al haber sustituido las comunidades y las corporaciones, estrechamente unidas, que antaño definían las normas de protección y supervisaban su aplicación por el deber individual del interés propio, del cuidado de uno mismo y de la autosuficiencia, ha vivido en las arenas movedizas de la contingencia. En una sociedad así, la sensación de inseguridad existencial y los temores dispersos ante peligros difusos son, inevitablemente, endémicos.

Como en la mayoría de las transformaciones modernas, Europa desempeñó ahí un papel pionero. También fue la primera en enfrentarse al fenómeno de las consecuencias imprevistas y, por regla general, perjudiciales del cambio. Esa inquietante sensación de inseguridad no habría surgido si no hubiera sido por la simultaneidad de dos cambios que tuvieron lugar en Europa y que solo se extendieron más tarde, y a diferentes velocidades, a otras partes del planeta. El primero fue, siguiendo la terminología de Castel, la «sobrevaloración» *(survalorisation)*[4] de los individuos, liberados de las limitaciones impuestas por la tupida red de vínculos sociales. Pero poco después se produjo un segundo cambio: despojados de la protección que en el pasado les había ofrecido de manera natural esa tupida red de vínculos sociales, esos individuos se vieron expuestos a una situación de fragilidad y de vulnerabilidad sin precedentes.

Con el primer cambio, los seres humanos individuales vieron desplegarse ante ellos vastas latitudes, excitantes y seductoras, en las que experimentar y practicar las recién descubiertas artes de la autodeterminación y de la superación personal. Pero el segundo cambio impidió a la mayoría de los individuos entrar en ese atractivo territorio. Ser un individuo *de iure* (por decreto de la ley o por la sal de la culpa personal echada sobre la herida dejada por la impotencia inducida socialmente) no garantizaba en absoluto la individualidad *de facto*, y muchos carecían, en su lucha por el segundo cambio, de los recursos necesarios para hacer uso de los derechos que implicaba el primero.[5] *Miedo a la inadecuación* es el nombre de la afección resultante. Para muchos individuos por decreto, si no para todos, la inadecuación fue una cruda realidad, no una sombría premonición; pero el *miedo* a la inadecuación se convirtió en una dolencia universal, o casi universal. Tanto si ya se había experimentado la auténtica realidad de la inadecuación como si, por fortuna, se la había podido mantener a distancia hasta ese momento, el *espectro* de la inadecuación iba a perseguir a toda la sociedad todo el tiempo.

Así pues, el Estado moderno tuvo que afrontar desde el principio la gigantesca tarea de *manejar el miedo*. Tuvo que tejer desde cero una red de protección que sustituyera a la antigua, desgarrada por la revolución moderna, y seguir reparándola a medida que la continua modernización promovida por ese mismo Estado la iba estirando más allá de su capacidad y haciendo que se deshilachara. En contra de la opinión generalizada, era la *protección* (la cobertura colectiva contra la desgracia individual) y no la *redistribución de la riqueza* lo que constituía el núcleo de ese «Estado social» al que irremediablemente conducía el desarrollo del Estado moderno. Para las personas privadas de capital económico, cultural o social (de todos sus activos, de hecho, excepto de su capacidad de trabajo, que nadie podría desplegar por cuenta propia), «o hay protección colectiva o no hay ninguna protección en absoluto».[6]

A diferencia de las redes sociales de protección comunitaria del pasado premoderno, las concebidas y administradas por el Estado se tejieron deliberadamente y de acuerdo con un diseño dado, o bien evolucionaron por su propio impulso a partir de otras labores de construcción a gran escala, características de la modernidad en su fase «sólida». Las instituciones de bienestar social y las prestaciones asistenciales (a veces denominadas «salarios sociales»), los servicios sanitarios gestionados o subvencionados por el Estado, la escolarización y la vivienda, así como la legislación laboral, que explicitaba los mutuos derechos y obligaciones de las partes en los contratos de compraventa de mano de obra y, por la misma razón, protegían el bienestar y los derechos de los trabajadores, son ejemplos típicos de la primera categoría. El más importante de la segunda fue la solidaridad laboral, sindical y profesional, que arraigó y floreció «de forma natural» en el entorno relativamente estable de la «fábrica fordista», paradigma del escenario sólido de la modernidad, en el que se habían establecido la mayoría de aquellos que «no disponían de otro capital».

El compromiso con la parte contraria en las relaciones entre capital y trabajo era mutuo y de larga duración en la «fábrica fordista», lo que hacía que ambas partes dependieran la una de la otra, pero al mismo tiempo les permitía pensar y planificar el futuro, atarlo e invertir en él. Por eso la «fábrica fordista» era un lugar de encarnizados conflictos, conflictos que de vez en cuando estallaban en abierta hostilidad (ya que la posibilidad de un compromiso a largo plazo y la dependencia mutua de todas las partes hacían que un choque frontal fuera una inversión razonable y un sacrificio que valía la pena) pero que siempre se cocían a fuego lento y se enconaban, aunque no fueran visibles. Y, sin embargo, ese tipo de fábrica era también un refugio seguro para tener confianza en el futuro y, por lo tanto, para la negociación, el compromiso y la búsqueda de un modo consensuado de convivencia. Con sus trayectorias profesionales definidas con claridad, con sus rutinas tediosas pero tranquilizadoramente estables, con la lentitud con la que se producían los cambios en la composición de sus equipos de trabajo y con la prolongada utilidad de las capacitaciones profesionales una vez adquiridas —lo que significaba que se concedía un gran valor a la experiencia laboral acumulada—, los peligros del mercado de trabajo podían mantenerse dentro de unos justos límites, la incertidumbre podía atenuarse, si no eliminarse por completo, y los miedos podían relegarse al ámbito marginal de los «golpes del destino» y de los «accidentes fatales», en lugar de saturar el curso de la vida diaria. Sobre todo, aquellos muchos que carecían de cualquier capital excepto de su capacidad de trabajar para otros podían contar con la colectividad. La solidaridad transformó su capacidad de trabajo en un capital sustitutivo, en un tipo de capital del que se esperaba, no sin razón, que contrarrestara el poder conjunto de todos los demás capitales.

Poco tiempo después de que se hubiera establecido el «Estado de bienestar» británico de posguerra por medio de una amplia legislación parlamentaria, el por todos conocido y recordado Thomas Humphrey Marshall intentó reconstruir la lógica que había guiado el desentrañamiento gradual del significado de los derechos individuales. Según su razonamiento,[7] el largo proceso había empezado con el sueño de la seguridad personal, seguido de una larga lucha contra el dominio arbitrario de reyes y de príncipes. Lo que para reyes y príncipes era el derecho divino de proclamar y de anular las normas a voluntad, y seguir así, en última instancia, sus propios caprichos y antojos, para sus súbditos significaba una vida vivida a merced de una benevolencia real no muy diferente de un destino errático: una vida de continua e insuperable incertidumbre, que dependía de las misteriosas sendas que tomaran los favores del soberano. La gracia del rey o de la reina era difícil de conseguir, y más difícil aún de conservar; se podía retirar fácilmente y era imposible asegurársela para siempre. Esa incertidumbre generaba en las personas una humillante sensación de impotencia, que no pudo corregirse hasta que la conducta de los soberanos reales se hizo previsible al quedar sometida a normas legales que no se les permitía o que no eran capaces de alterar o de suspender por propia voluntad, sin el consentimiento de los súbditos afectados. En otras palabras, la seguridad personal solo podía lograrse mediante la introducción de reglas que vincularan a *todos* los jugadores. La universalidad de las normas no convertiría a todo el mundo en ganador; como antes, habría jugadores afortunados y jugadores desafortunados, ganadores y perdedores. Pero, por lo menos, las reglas del juego se harían explícitas y se podrían aprender, y no se cambiarían por puro capricho mientras se estuviera jugando; por otra parte, los ganadores no tendrían que temer la mirada displicente del rey, porque los frutos de su victoria serían realmente suyos y los podrían disfrutar para siempre: se convertirían en su propiedad inalienable.

Podemos decir que la lucha por los derechos personales estaba motivada por el deseo de aquellos que ya tenían suerte, o que esperaban ganar en las siguientes ocasiones, de conservar los dones de su buena fortuna sin tener que hacer un esfuerzo costoso, dificultoso y, lo que es peor, poco fiable y siempre inútil para conseguir la benevolencia o el afecto del soberano y conservar sus favores.

La reivindicación de derechos *políticos*, es decir, del derecho a desempeñar un papel esencial en la elaboración de las leyes, era, según Marshall, el siguiente punto incluido en la agenda, como el paso lógico que había que dar una vez que se hubieran conquistado los derechos *personales* y hubiera que defenderlos; sin embargo, de lo que se acaba de decir se puede concluir que solo se podía luchar por los dos paquetes de derechos, los personales y los políticos, a la vez, pues solo se podían conseguir y asegurar *juntos:* difícilmente se podrían lograr y disfrutar por separado. Entre ambos grupos de derechos parece haber una dependencia circular, una verdadera correspondencia con la relación que se establece entre «el huevo y la gallina». La seguridad de las personas y la salvaguarda de sus posesiones son condiciones indispensables para que las primeras puedan luchar con efectividad por el derecho a la participación política, pero no pueden cimentarse con firmeza ni darse por sentado que perdurarán a menos que la forma de las leyes vinculantes se haya hecho depender de sus beneficiarios.

Uno no puede estar seguro de sus derechos personales si no puede ejercer sus derechos políticos y hacer que esa capacidad cuente en el proceso legislativo; y las posibilidades de hacer que esa capacidad cuente serán escasas, por no decir otra cosa, a menos que los activos (económicos y sociales) controlados personalmente y protegidos por los derechos personales sean lo bastante numerosos para ser tenidos en cuenta en los cálculos del poder. Como ya tuviera muy claro Marshall, aunque era necesario que, a la luz de las últimas tendencias políticas, lo reiterara con rotundidad Paolo Flores d'Arcais, «la pobreza (la antigua y la nueva) genera desesperación y sometimiento, agota toda la energía en la lucha por sobrevivir, y pone la voluntad a merced de promesas vacías y de engaños insidiosos».[8] El entrelazamiento y la interacción entre los derechos personales y los derechos políticos son para los grandes y poderosos: son para los ricos, no para los pobres; son para los que «*se sienten seguros* si se los deja solos», no para los que «necesitan ayuda externa para poder *llegar a sentirse seguros*». El derecho al voto (y, por lo tanto, de modo indirecto y al menos en teoría, el derecho a influir en la composición de los gobernantes y en la forma de las normas que vinculan a los gobernados) solo podría ser ejercido de manera significativa por aquellos «que tuvieran suficientes recursos económicos y culturales» para estar «a salvo de la servidumbre voluntaria o involuntaria que corta de raíz cualquier posible autonomía de elección (o de su delegación)».

No es de extrañar que, durante mucho tiempo, los promotores de la solución electoral al dilema de garantizar los derechos personales mediante el ejercicio de los derechos políticos «quisieran limitar el sufragio en función del grado de riqueza y de estudios». Parecía evidente en aquel momento que una «libertad plena» (es decir, el derecho a participar en el proceso legislativo) solo podrían disfrutarla aquellos que poseyeran la entera «propiedad de sus personas»,[9] o sea, aquellos cuya libertad personal no se viera truncada por señores de los feudos o por patronos de los que dependieran para su sustento. Durante más de un siglo después de la invención y de la aceptación entusiasta o resignada del proyecto de representación política, los promotores y defensores de ese proyecto se opusieron con uñas y dientes a la ampliación del sufragio a cualquiera que no perteneciera al selecto círculo de los «pudientes». No sin razón, la posibilidad de esa ampliación se veía como un ataque a la democracia más que como su triunfo (la suposición tácita que añadía vigor a esa oposición era, probablemente, la premonición de que los «desposeídos» no utilizarían el don de la participación política para la defensa de la seguridad de las posesiones y del estatus social, el tipo de derechos personales en los que ellos no tenían ningún interés).

Siguiendo la secuencia lógica/histórica de los derechos postulada por Marshall, podemos decir que hasta la etapa (incluyéndola) de los derechos políticos, la democracia es una aventura selectiva y estrictamente acotada; que el *demos* (pueblo) de la «democracia», que se suponía que estaba destinado a ostentar el *kratos* (poder) sobre la creación y la alteración de las leyes, se limitaba en esa etapa a unos pocos privilegiados, excluyendo, no solo en la práctica sino también en la ley escrita, a una amplísima mayoría de personas a las que las leyes del país, diseñadas políticamente, pretendían vincular.

De hecho, como John R. Searle nos ha recordado hace poco, el inventario de los «dones de Dios», es decir, de los derechos inalienables, escritos por la mano de los Padres Fundadores de la democracia estadounidense, «no incluía la igualdad de derechos para las mujeres —ni siquiera el derecho al voto o a la propiedad—, ni tampoco la abolición de la esclavitud».[10] Y Searle no considera que esa cualidad de la democracia (la cualidad, podría decirse, de ser un privilegio que debe concederse con cautela y moderación) fuera temporal, transitoria, y que ahora haya quedado atrás. Por ejemplo, «siempre habrá opiniones que mucha gente, si no la mayoría, encuentre repugnantes», por lo que hay pocas probabilidades de que prospere una concesión plena y verdaderamente universal de esa libertad de expresión que los derechos políticos pretenden garantizar a todos los ciudadanos. Pero hay que añadir una salvedad aún más básica: si los derechos políticos pueden utilizarse para afianzar y consolidar las libertades personales basadas en el poder económico, difícilmente garantizarán las libertades personales a los *desposeídos*, que no tienen ningún derecho a esos recursos sin los cuales la libertad personal no puede conquistarse ni disfrutarse en la práctica.

Uno se encuentra aquí con una especie de círculo vicioso: un gran número de personas tienen escasas o nulas posesiones o adquisiciones que sean dignas de una defensa aguerrida, por lo que, en opinión de los que sí tienen, ni necesitan ni se les deben conceder los derechos políticos que se espera que sirvan para ese propósito. Sin embargo, como esas personas no son admitidas por ese motivo en el selecto grupo del electorado (y a lo largo de la historia de la democracia moderna ha habido poderosas fuerzas que han luchado para que esa inadmisión sea permanente), tendrán pocas posibilidades de asegurarse los recursos materiales y culturales que les permitirían optar a la concesión de derechos políticos. Abandonada a su propia lógica de desarrollo, la «democracia» podría perdurar, no solo en la práctica sino también de modo formal y explícito, como un asunto esencialmente elitista. Pero, como bien observa Paolo Flores d'Arcais, no había una, sino dos soluciones posibles a ese dilema: «o bien limitar el sufragio a quienes ya poseían tales recursos, o bien "revolucionar" progresivamente la sociedad de tal forma que esos privilegios —riqueza y cultura— se convirtieran en derechos garantizados para todos».

Fue la segunda solución la que inspiró el plan de Lord Beveridge para el Estado de bienestar, la encarnación más plena de la idea que tenía Thomas Humphrey Marshall de los derechos *sociales*, los terceros en la cadena de derechos, sin los cuales el proyecto democrático está abocado a encallarse sin haber podido concluir. «Un vigoroso programa de bienestar social», como resume Flores d'Arcais más de medio siglo después de Beveridge, «debería ser parte integral, y *constitucionalmente* protegida, de cualquier proyecto democrático». Sin derechos políticos, las personas no pueden confiar en sus derechos personales; pero, sin derechos *sociales*, los derechos *políticos* seguirán siendo un sueño inalcanzable, una ficción inútil o una broma cruel para ese gran número de personas a quienes se les han concedido en la ley escrita. Si los derechos sociales no están asegurados, los pobres y los indolentes no pueden ejercer los derechos políticos que formalmente poseen. Y entonces los pobres solo tendrán los derechos que los gobiernos consideren necesario concederles, siempre que sean aceptables para aquellos que disponen de ese genuino músculo político que permite conquistar y mantener el poder. Mientras sigan careciendo de recursos, los pobres podrán aspirar, como mucho, a ser receptores de transferencias, no sujetos de derechos.

Lord Beveridge tenía razón al creer que su visión de una cobertura integral y colectivamente respaldada para todos era la consecuencia inevitable de la idea liberal, así como una condición indispensable para una democracia liberal hecha y derecha. La guerra que Franklin Delano Roosevelt declaró al miedo se basaba en un supuesto similar.

La libertad de elección se acompaña de innumerables e incalculables riesgos de fracaso; muchas personas pueden considerar que esos riesgos son insoportables, al descubrir o sospechar que pueden superar su capacidad personal para afrontarlos. Para la mayoría de la gente, la libertad de elección seguirá siendo un fantasma huidizo y un sueño infundado, a menos que el miedo a la derrota se vea mitigado por una póliza de seguros emitida en el nombre de la comunidad, una póliza en la que puedan confiar y con la que puedan contar en caso de infortunio. Mientras esa libertad siga siendo un fantasma, el dolor de la desesperanza se verá coronado con la humillación de la desdicha; la capacidad para hacer frente a los desafíos de la vida, que cada día se pone a prueba, es, al fin y a la postre, ese mismo taller en el que se moldea o se funde la confianza en uno mismo.

Sin un seguro respaldado colectivamente, los pobres y los indolentes (y, de manera más general, los débiles que hacen equilibrismos al borde del abismo de la exclusión) no tienen ningún estímulo para el compromiso político, y menos aún para participar en el juego democrático de unas elecciones. No es probable que la salvación llegue de un Estado político que no sea también, o se niegue a serlo, un Estado social. Sin derechos sociales para todos, un gran número de personas —un número que seguramente aumentará— considerarán que sus derechos políticos son inútiles e indignos de su atención. Si los derechos políticos son necesarios para implementar los derechos sociales, los derechos *sociales* son indispensables para mantener en funcionamiento los derechos *políticos*. Ambos derechos se necesitan mutuamente para sobrevivir; esa supervivencia solo pueden lograrla *de manera conjunta*.

Los registros históricos muestran que, con cada

ampliación del sufragio, las sociedades dieron un paso más hacia un Estado social integral, «completo», aunque ese destino final no se previera de antemano y necesitara muchos años y varias leyes parlamentarias, discutidas con calor y vehemencia y cada vez más ambiciosas, para que sus contornos se hicieran visibles. A medida que se concedían derechos electorales a más categorías de población, el «votante medio», en cuya satisfacción tenían que centrar su atención los partidos políticos para ganar, se desplazaba de forma constante hacia los sectores relativamente más desfavorecidos del espectro social. En algún momento, inevitable aunque bastante inesperado, se produjo un cambio fundamental; se cruzó la línea que separaba a aquellos que buscaban los derechos políticos para asegurarse de que los derechos personales de los que *ya disfrutaban* no les serían retirados ni alterados, de aquellos otros que necesitaban los derechos políticos para *obtener* los derechos *personales* (o, en realidad, *políticos)* que todavía no poseían y que, si se los hubieran concedido no acompañados de derechos *sociales*, habrían encontrado inoperantes.

En ese momento, la apuesta del juego político sufrió un cambio realmente decisivo. En lugar de asumir la tarea de *adaptar* las instituciones y los procedimientos políticos a las realidades sociales ya existentes, la democracia moderna pasó a hacer uso de las instituciones y de los procedimientos políticos para *reformar* las realidades sociales. Pasó, en otras palabras, de *mantener* el equilibrio de las fuerzas sociales a *cambiarlo*. Paradójicamente, se enfrentó a la tarea de invertir la secuencia seguida hasta entonces: la consecuencia de cruzar el umbral fue una maniobra desconocida y que no había sido afrontada hasta ese momento, consistente en utilizar los derechos políticos para *crear* y asegurar los derechos personales, en lugar de limitarse a *confirmarlos* y afianzarlos. En vez de surgir de una «sociedad civil» ya formada que anhelaba un escudo político, el cuerpo político se enfrentó, en su nueva forma de «Estado social», a la tarea de sentar las bases de la sociedad civil o ampliarlas para dar cabida a esos sectores de la sociedad de los que hasta entonces había estado ausente.

Los miedos específicamente modernos nacieron durante la primera tanda de medidas de desregulación-con-individualización, justo en el momento en que los lazos interhumanos de parentesco y vecindad, atados con fuerza mediante nudos comunitarios o corporativos y en apariencia eternos, aunque perduraban por lo menos desde tiempos inmemoriales, se aflojaron o se rompieron. En su estadio sólido, el modo en que la modernidad manejaba el miedo tendía a sustituir los vínculos «naturales», irreparablemente dañados, por sus equivalentes artificiales en forma de asociaciones, sindicatos y colectividades a tiempo parcial pero con frecuencia completo, unificados por intereses compartidos y rutinas diarias; la *solidaridad* iba a tomar el relevo de la *pertenencia* como principal escudo contra un destino cada vez más aciago.

La disolución de la solidaridad puso fin a esa forma que la modernidad sólida tenía de manejar el miedo. Ahora ha llegado el turno de aflojar, desmantelar o quebrar los sistemas modernos de protección artificiales y tutelados. Europa, la primera en someter la modernidad a una revisión y la primera también en recorrer todo el espectro de sus secuelas, está pasando ahora, al igual que Estados Unidos, por la «segunda desregulación-con-individualización», aunque esta vez no lo hace por decisión propia, sino por haber sucumbido a la presión de unas fuerzas globales que ya no puede controlar ni tampoco espera frenar.

Sin embargo, esa segunda desregulación no ha ido seguida de nuevas formas societarias de manejo del miedo; la tarea de hacer frente a los miedos que emanan de las nuevas incertidumbres ha sido, como los mismos miedos, desregulada y «subsidiada», es decir, abandonada en manos de las iniciativas y de los esfuerzos locales, y ha sido también, en gran parte, privatizada —transferida a la esfera de la «política de la vida», o sea, dejada por lo general al cuidado, el ingenio y la astucia de los individuos, y a los mercados, decididamente adversos y que se resisten con tenacidad y eficacia a cualquier forma de injerencia (política) comunitaria, por no hablar de control.

Una vez que la competencia sustituye a la solidaridad, los individuos se ven abandonados a sus propios recursos, lamentablemente escasos y sin duda inadecuados. El deterioro y la descomposición de los vínculos colectivos los convierten, sin pedir su consentimiento, en individuos *de iure*, aunque lo que aprenden de sus trayectorias vitales es que, en el actual estado de cosas, casi todo va en contra de que puedan ascender hasta el modelo postulado de individuos *de facto*. Una enorme brecha (que se ensancha cada vez más, por lo que podemos ver) separa la cantidad y la calidad de los recursos que se requerirían para que uno mismo pudiera generar por sí solo una seguridad efectiva, confiable y solvente, así como una auténtica liberación frente al miedo, de la suma total de materiales, herramientas y habilidades que la mayoría de los individuos pueden razonablemente esperar adquirir y conservar.

Robert Castel llama la atención sobre el regreso de las *clases peligrosas*.[11] Observemos, no obstante, que la similitud entre la primera y la segunda llegada de dichas clases es, en el mejor de los casos, parcial.

Las «clases peligrosas» originales estaban formadas por el excedente de población temporalmente excluido y aún no reintegrado, al que el acelerado progreso económico había privado de una «función útil» y que se había visto despojado de cualquier protección por la rápida pulverización de las redes de vínculos sociales; pero se esperaba que, a su debido tiempo, esas clases se integraran de nuevo, que se desvaneciera su resentimiento y se restableciera su participación en el «orden social». Las nuevas «clases peligrosas», en cambio, son aquellas consideradas *no aptas* para la reintegración y declaradas inasimilables, ya que no se concibe ninguna función útil que puedan desempeñar tras la «rehabilitación». No solo son sobrantes, sino también *superfluas*. Se las excluye *permanentemente*, uno de los pocos casos de «permanencia» que la modernidad líquida no solo permite, sino que promueve con energía. En lugar de percibirse como el resultado de una fatalidad momentánea y reparable, la exclusión actual rezuma un aire de irrevocabilidad. Cada vez con más frecuencia, la exclusión tiende hoy a ser un camino sin retorno (y a ser percibida como tal). Una vez quemados, es poco probable que los puentes vuelvan a tenderse. Lo que convierte a los excluidos contemporáneos en «clases peligrosas» es la *irrevocabilidad* de su marginación y las escasas posibilidades que tienen de apelar contra esa sentencia.

La irrevocabilidad de la exclusión es una consecuencia directa, aunque imprevista, de la descomposición del Estado social, como entramado de instituciones afianzadas pero también, y quizá de manera aún más significativa, como ideal y proyecto en función de los cuales se juzgan las realidades y se impulsan las acciones. La degradación del ideal y la consunción y la decadencia del proyecto presagiaron, después de todo, la desaparición de las oportunidades redentoras y la retirada del derecho de apelación, así como una disipación gradual de la esperanza y un debilitamiento de la voluntad de resistir. En lugar de ser una condición resultante del hecho de estar «*des*empleado» (término que implica una desviación de la norma, que es «estar *empleado*»*;* una desgracia temporal que puede y debe remediarse), estar sin trabajo se siente cada vez más como un estado de «redundancia»: ser rechazado, tildado de superfluo, de inútil, de inempleable, y condenado a permanecer «económicamente *in*activo». Quedarse sin trabajo supone ser desechable, tal vez, incluso, ser desechado para siempre, destinado al vertedero del «progreso económico», ese avance que se reduce, en última instancia, a hacer el mismo trabajo y obtener los mismos resultados económicos que antes, pero con una mano de obra menor y unos «costes laborales» más bajos.

Solo una fina línea evita hoy que los desempleados, especialmente los de larga duración, caigan en el agujero negro de la «clase marginal»: hombres y mujeres que no encajan en ninguna división social legítima, individuos que quedan fuera de las clases y que no desempeñan ninguna de las funciones reconocidas, aprobadas, útiles e indispensables que ejercen los miembros «normales» de la sociedad; personas que no aportan nada a la vida de la sociedad, excepto aquello de lo que la sociedad bien podría prescindir, y aquello que saldría ganando si se deshiciera de ello.

No menos fina es la línea que separa a los «superfluos» de los delincuentes: la «clase marginal» y los «delincuentes» no son más que dos subcategorías de los excluidos, de los «socialmente no aptos» o, incluso, de los «elementos antisociales», que se diferencian entre sí más por la clasificación oficial y el trato que reciben que por su propia actitud y conducta. Al igual que las personas sin trabajo, los delincuentes (es decir, los que están en prisión, acusados de algún delito y a la espera de juicio, bajo vigilancia policial o tan solo registrados en los ficheros policiales) ya no son vistos como sujetos apartados temporalmente de la vida social normal y destinados a ser «reeducados», «rehabilitados» y «devueltos a la comunidad» tan pronto como sea posible, sino como marginados permanentes, no aptos para el «reciclaje social» y obligados mientras tanto a portarse bien y a mantenerse alejados de la comunidad de aquellos que sí respetan la ley.

4
Sin contacto, pero juntos

Las áreas habitadas se describen como «urbanas» y se denominan «ciudades» si se caracterizan por una densidad de población y un índice de interacción y de comunicación más bien altos. Hoy en día también son los lugares en los que las inseguridades, concebidas e incubadas en sociedad, se presentan de una forma muy condensada y, por lo tanto, particularmente tangible. Es, asimismo, en los lugares llamados «urbanos» donde la alta concentración de la interacción humana ha coincidido con la tendencia del miedo nacido de la inseguridad a buscar y encontrar válvulas de escape y objetos sobre los cuales descargarse, aunque esa tendencia no siempre ha sido una característica distintiva de esos lugares.

Como señala Nan Ellin, una de las más agudas investigadoras y más perspicaces analistas de las tendencias urbanas contemporáneas, la protección frente al peligro fue «un incentivo primordial para la construcción de ciudades, cuyos límites solían estar definidos por vastas murallas o vallas, desde las antiguas aldeas de Mesopotamia hasta las ciudades medievales y los asentamientos de los nativos americanos».[1] Las murallas, los fosos y las estacadas marcaban la frontera entre «nosotros» y «ellos», entre el orden y lo salvaje, entre la paz y la guerra: los enemigos eran los que quedaban al otro lado de la valla, y no se les permitía atravesarla. Sin embargo, «de ser un lugar relativamente seguro», la ciudad ha pasado a asociarse, sobre todo en los últimos cien años, «más con el peligro que con la seguridad».

Hoy, en una curiosa inversión de su papel histórico y desafiando las intenciones originales de los constructores de las ciudades y las expectativas de sus habitantes, nuestras ciudades están pasando rápidamente de ser refugios contra el peligro a ser su principal fuente. Diken y Laustsen llegan incluso a sugerir que el milenario «vínculo entre civilización y barbarie se ha invertido. La vida en la ciudad vuelve a un estado de naturaleza caracterizado por el imperio del terror, acompañado de un miedo omnipresente».[2]

Podemos decir que las fuentes de peligro se han trasladado casi por completo a las áreas urbanas y se han asentado en ellas. Los amigos, pero también los enemigos y, sobre todo, los esquivos y misteriosos *extraños*, que se mueven amenazadoramente entre los dos extremos de la amistad y la enemistad, se mezclan y se codean ahora en las calles de la ciudad. La guerra contra la inseguridad, y en especial contra los peligros y los riesgos para la seguridad personal, se libra ahora *dentro* de la ciudad, y dentro de la ciudad se delimitan los campos de batalla y se trazan las líneas del frente. Las trincheras fuertemente armadas (accesos infranqueables) y los búnkeres (edificios o complejos fortificados y muy bien vigilados) destinados a separar a los extraños, a mantenerlos alejados e impedirles la entrada, se están convirtiendo con rapidez en uno de los aspectos más visibles de las ciudades contemporáneas, aunque adoptan muchas formas y sus diseñadores se esfuerzan por integrar sus creaciones en el paisaje urbano, «normalizando» así el estado de emergencia en el que viven a diario los residentes urbanos, adictos a la seguridad pero siempre inseguros de ella.

«Cuanto más nos distanciamos de nuestro entorno inmediato, más dependemos de la vigilancia de ese entorno [...]. Las viviendas de muchas áreas urbanas de todo el mundo existen ahora para proteger a sus habitantes, no para integrar a las personas en sus comunidades», observan Gumpert y Drucker.[3] Separar y mantener a distancia se ha convertido hoy en la estrategia más común en la lucha urbana por la supervivencia. El continuo a lo largo del cual se trazan los resultados de esa lucha se extiende entre los polos de los guetos urbanos voluntarios e involuntarios. Los residentes sin medios, y por ello vistos por el resto como amenazas potenciales para su seguridad, tienden a verse obligados a abandonar las partes más apacibles y agradables de la ciudad y a hacinarse en barrios separados, similares a guetos. Los residentes con recursos compran sus viviendas en áreas de su elección separadas, también parecidas a guetos, y prohíben a todos los demás instalarse en ellas; además, hacen todo lo posible por desconectar su propio mundo vital de los mundos vitales del resto de los habitantes de la ciudad. Cada vez más, sus guetos voluntarios se convierten en las avanzadas o guarniciones de la extraterritorialidad.

«A medida que los residentes amplían sus espacios de comunicación a la esfera internacional, a menudo alejan simultáneamente sus hogares de la vida pública mediante infraestructuras de seguridad cada vez más "inteligentes"», comentan Graham y Marvin.[4]

> Casi todas las ciudades del mundo están empezando a mostrar espacios y zonas fuertemente conectados con otros espacios «valiosos» del paisaje urbano, así como con territorios remotos, nacionales e incluso internacionales. No obstante, en esos lugares suele haber al mismo tiempo una sensación palpable y creciente de desconexión local entre zonas y personas físicamente cercanas, pero social y económicamente distantes.[5]

Los productos de desecho de la nueva extraterritorialidad física de los espacios urbanos privilegiados, habitados y utilizados por la élite global —una especie de «exilio interno» de la élite logrado, manifestado y sostenido por medio de la «conexión virtual»—, son los espacios desconectados y abandonados; los «barrios fantasma», como los llamó Michael Schwarzer, lugares en los que «los sueños han sido sustituidos por pesadillas y el peligro y la violencia son más habituales que en otros sitios».[6] Si se pretende mantener las distancias infranqueables para evitar el peligro de fugas y la contaminación de la pureza regional, resulta útil una política de tolerancia cero, junto con el destierro de los sintechos de aquellos espacios en los que pueden ganarse la vida, pero en los que también se hacen visibles de una forma molesta e inquietante, para confinarlos en espacios vedados en los que no pueden hacer ni lo uno ni lo otro. «Merodeadores», «acosadores», «maleantes», «mendigos incómodos», «nómadas» y otros tipos de intrusos se han convertido en los personajes más siniestros de las pesadillas de la élite.

Como sugirió por primera vez Manuel Castells, hay una creciente polarización y una ruptura cada vez más completa de la comunicación entre los mundos vitales de las dos categorías en las que se dividen los habitantes de la ciudad:

> El espacio del nivel superior suele estar conectado a la comunicación global y a una vasta red de intercambio, abierta a mensajes y a experiencias que abarcan el mundo entero. En el otro extremo del espectro, las redes locales segmentadas, a menudo cimentadas étnicamente, confían en su identidad como el recurso más valioso para defender sus intereses y, en última instancia, su existencia.[7]

La imagen que emerge de esa descripción es la de dos mundos vitales segregados y separados. Solo el segundo está territorialmente circunscrito y puede intrincarse en la red de las nociones topográficas ortodoxas, mundanas y «realistas». Aquellos que viven en el primero de los dos mundos vitales puede que estén, como los otros, físicamente «*en* el lugar», pero no son «*de* ese lugar»; no lo son, desde luego, en un sentido espiritual, pero muy a menudo, siempre que lo deseen, puede ocurrir que tampoco lo sean físicamente.

Las personas del «nivel superior» no pertenecen al lugar que habitan, ya que sus preocupaciones residen (o más bien flotan y van a la deriva) en otra parte. Uno puede suponer que, aparte de vivir a toda satisfacción sin ser importunados y, por consiguiente, ser libres para dedicarse enteramente a sus propios pasatiempos y disfrutar de la tranquilidad de tener asegurados los servicios indispensables para sus comodidades diarias (cualesquiera que sean), no tienen otros intereses en la ciudad en la que están emplazadas sus residencias. La población de la ciudad no es su maná, la fuente de su riqueza o una demarcación bajo su custodia, cuidado y responsabilidad, como sí lo era para las viejas élites urbanas de antaño, para los dueños de las fábricas o para los comerciantes de bienes de consumo y de ideas. En general, las élites urbanas actuales se *despreocupan* de los asuntos de «su» ciudad, que tan solo es una localidad entre muchas otras, todas ellas pequeñas e insignificantes desde la atalaya privilegiada del ciberespacio, que, aunque sea virtual, es su verdadero hogar. Por lo menos, no necesitan preocuparse, y aparentemente nada puede obligarlas a hacerlo si deciden que no lo harán.

El mundo vital de los otros, el de los habitantes de la ciudad que viven en el nivel «inferior», es todo lo contrario del primero. En marcado contraste con ese primer estrato, se caracteriza por estar aislado de esa red mundial de comunicación a la que las personas del «nivel superior» están conectadas y con la que sintonizan sus vidas. Los habitantes del nivel inferior están «condenados a seguir siendo locales», por lo que uno puede y debe esperar que su atención y sus preocupaciones, junto con sus insatisfacciones, sus sueños y sus esperanzas, se centren en los «asuntos locales». Para ellos, es *dentro* de la ciudad que habitan donde se libra la batalla por la supervivencia y por un lugar digno en el mundo, una batalla que a veces ganan pero que casi siempre pierden.

Sobre São Paulo, la segunda ciudad más grande de Brasil, bulliciosa y en rápida expansión, Teresa Caldeira escribe:

> São Paulo es hoy una ciudad de muros. Se han construido barreras físicas por todas partes: alrededor de las casas, de los bloques de apartamentos, de los parques, de las plazas, de los complejos de oficinas y de las escuelas [...]. Una nueva estética de la seguridad da forma a todo tipo de construcciones e impone una nueva lógica de vigilancia y de distanciamiento [...].[8]

Cualquiera que pueda permitírselo compra una vivienda en un «núcleo residencial», concebido como un retiro situado físicamente dentro de la ciudad pero social y espiritualmente fuera de ella. Se supone que las «comunidades cerradas son mundos separados. Los mensajes publicitarios las anuncian como un va a la calidad de vida que ofrecen la ciudad y su deteriorado espacio público». La característica más destacada del núcleo residencial es su «aislamiento y su distancia respecto de la ciudad [...]. Aislamiento quiere decir separación de aquellos considerados socialmente inferiores», y, como insisten los promotores y los agentes inmobiliarios, «el factor clave para garantizar tal cosa es la seguridad. Eso significa vallas y muros que rodeen el núcleo residencial, vigilantes jurados que trabajen las veinticuatro horas del día controlando las entradas y una gran variedad de instalaciones y de servicios [...] para mantener a los otros fuera».

Como todos sabemos, las vallas tienen que tener dos lados... Las vallas dividen un espacio uniforme en un «dentro» y un «fuera», pero lo que está «dentro» para los que están a un lado de la valla está «fuera» para los que están al otro. Los habitantes de núcleos residenciales dejan «fuera» la ajetreada y ruidosa vida de la ciudad, que les resulta desagradable y ligeramente amenazadora por su dureza, y se encierran «dentro» de un oasis de calma y seguridad. Por la misma razón, sin embargo, dejan a todos los demás fuera de los lugares decentes y seguros cuyos principios están dispuestos y decididos a mantener y a defender con uñas y dientes, y los aíslan en las mismas calles miserables e inmundas de las que, sin reparar en gastos, intentan escapar. La valla separa el «gueto voluntario» de los grandes y poderosos de aquellos otros muchos guetos forzosos en los que malviven los que no tienen donde caerse muertos. Para los privilegiados del gueto voluntario, los otros guetos son sitios a los que «no iremos». Para los habitantes de los guetos involuntarios, el área en la que están confinados (por ser excluidos de otros lugares) es el espacio del que «no se nos permite salir».

Permítaseme volver a exponer el punto de partida de nuestro análisis: construidas originalmente para proporcionar seguridad a todos sus habitantes, las ciudades suelen asociarse más en estos días con el peligro que con la seguridad. Por citar una vez más a Nan Ellin: «el factor miedo [en la construcción y en la reconstrucción de las ciudades] sin duda se ha expandido, como indican el aumento de coches y de casas cerrados con llave y de los sistemas de seguridad, la popularidad de las comunidades «cerradas» y «seguras» para todas las franjas de edad y de renta y la creciente vigilancia de los espacios públicos, por no hablar de la infinita información sobre temas preocupantes que nos hacen llegar los medios de comunicación de masas».[9]

Las amenazas, reales y supuestas, para el cuerpo y para las propiedades del individuo se están convirtiendo rápidamente en cuestiones de primer orden cada vez que se calibran los pros y los contras que tiene un lugar para vivir o no en él. También se les ha asignado el puesto más alto en la política de mercadotecnia inmobiliaria. La incertidumbre sobre el futuro, la fragilidad del estatus social y la inseguridad existencial —esos complementos omnipresentes de la vida en el mundo «líquido moderno», notoriamente arraigados en lugares remotos y que, por lo tanto, quedan fuera del control individual— tienden a centrarse en los objetivos más cercanos y a canalizarse hacia todo aquello que tiene que ver con la preocupación por la seguridad personal, ese tipo de preocupación que se condensa a su vez en impulsos segregacionistas/exclusivistas, impulsos que conducen, de manera inexorable, a guerras por el espacio urbano.

Como podemos aprender del perspicaz estudio de Steven Flusty, agudo crítico de arquitectura y urbanismo, prestarse a esas guerras, y, sobre todo, idear formas de impedir a los malhechores actuales, potenciales y presuntos, el acceso a los espacios reclamados, manteniéndolos, asimismo, a una distancia segura, constituye la inquietud que con más rapidez se ha extendido hoy entre los innovadores arquitectónicos y los promotores urbanísticos de las ciudades estadounidenses.[10] Los nuevos productos urbanísticos, los que se anuncian con más orgullo y los que más se imitan, son los «espacios interdictorios», «diseñados para interceptar, repeler o filtrar a sus potenciales usuarios». Claramente, la finalidad de los «espacios interdictorios» es dividir, segregar y excluir, y no tender puentes, facilitar el paso y lugares de encuentro, promover la comunicación y reunir de cualquier otro modo a los habitantes de la ciudad.

Las innovaciones arquitectónicas y urbanísticas enumeradas por Flusty son los equivalentes, técnicamente actualizados, de los fosos, los torreones y las troneras premodernos de las murallas de las ciudades; pero, en lugar de defender la ciudad y a todos sus habitantes del enemigo exterior, se erigen para separar y mantener separados a los distintos tipos de habitantes de la ciudad (y lejos de las fechorías), y para defender a algunos de ellos de los otros, una vez que se les ha adjudicado el estatus de adversarios por el mismo hecho de haberlos aislado espacialmente. Entre las variedades de «espacios interdictorios» mencionadas por Flusty están el «espacio resbaladizo», «espacio al que no se puede acceder porque las rutas de acceso son sinuosas, excesivamente largas o inexistentes»; el «espacio espinoso», «espacio que no se puede ocupar de manera cómoda, defendido con ardides tales como aspersores instalados en las paredes que se activan para espantar a los merodeadores o alféizares inclinados para impedir sentarse»; o el «espacio inquieto», «espacio que no se puede utilizar sin ser observado debido a la vigilancia activa de las patrullas móviles o de las tecnologías de control remoto de las que se proveen los centros de seguridad». Esos y otros tipos de «espacios interdictorios» solo tienen una finalidad, aunque complicada: aislar los enclaves extraterritoriales del territorio continuo de la ciudad; en otras palabras, levantar pequeñas fortalezas compactas en cuyo interior los miembros de la élite global supraterritorial puedan cuidar, cultivar y disfrutar su independencia física, además de espiritual, y su aislamiento local. En el paisaje de la ciudad, los «espacios interdictorios» se han convertido en los hitos de la *desintegración* de la vida comunitaria arraigada y compartida de modo local.

La separación de la nueva élite (asentada localmente pero con una orientación global y solo apegada a su lugar de asentamiento de una manera vaga) de su compromiso del pasado con el populacho local, y la consiguiente brecha espiritual/comunicativa entre los espacios vitales/vividos de los que se han separado y los que se han quedado atrás, son posiblemente el más trascendental de los cambios sociales, culturales y políticos que se asocian con el paso de la etapa «sólida» a la etapa «líquida» de la modernidad.

Hay mucha verdad, y nada más que verdad, en esa imagen de separación mutua esbozada más arriba. Pero no toda la verdad.

Entre aquellas partes de la verdad que faltan o a las que se les resta importancia, la más significativa es la que explica (más que cualquiera de los aspectos más notorios) la que podría ser la característica más importante (y probablemente, a largo plazo, la más relevante) de la vida urbana contemporánea: a saber, la íntima interacción entre las presiones globalizadoras y el modo en que se negocian, se forman y se reforman las identidades de los emplazamientos urbanos.

Contrariamente a lo que en última instancia sugiere la exclusión voluntaria del «nivel superior», sería un error imaginar los aspectos «globales» y «locales» de las condiciones y las políticas de vida contemporáneas como si residieran en dos espacios separados y herméticamente cerrados que solo se comunicarían de manera marginal y ocasional. En un estudio publicado hace poco, Michael Peter Smith no está de acuerdo con la apreciación (manifestada, a su juicio, por David Harvey o John Friedman, por ejemplo)[11] que opone «una lógica de los flujos económicos globales dinámica pero fuera de lugar» a «una imagen estática del lugar y la cultura local», ahora «valorada» como el «lugar vital» del «ser-en-el-mundo».[12] En opinión del mismo Smith, «lejos de reflejar una ontología estática del "ser" o de la "comunidad", las localidades son construcciones dinámicas "en potencia"».

De hecho, solo en el etéreo mundo de la teoría puede trazarse fácilmente la línea que separa el espacio abstracto de los operadores globales, espacio que se halla «en algún lugar de ninguna parte», del espacio carnoso, tangible y supremo del «aquí y ahora», espacio al alcance de los «locales». Sin embargo, las realidades de la vida urbana darán al traste con esas divisiones tan nítidas. Trazar límites en el espacio vivido es motivo de constante disputa y una apuesta en las batallas libradas en numerosos frentes entrecruzados; cada línea que se traza es provisional y temporal, pues existe el peligro de que sea trazada de nuevo o borrada, y por esa razón proporciona una salida natural a la amplia gama de ansiedades nacidas de una vida insegura. El único efecto duradero de los continuos pero vanos esfuerzos por fortalecer y estabilizar límites tan fastidiosamente inestables es el reciclaje de los miedos difusos en prejuicios específicos, en antagonismos de grupo, en enfrentamientos ocasionales y en hostilidades siempre a punto de estallar. Además, en un mundo como el nuestro, en rápido proceso de globalización, nadie puede pretender con sinceridad ser un puro y simple «operador global». Lo máximo que pueden conseguir los miembros de la élite trotamundos y globalmente influyente es un margen más amplio para su movilidad.

Si las cosas se ponen demasiado feas para su comodidad y el espacio que hay alrededor de sus residencias urbanas resulta demasiado peligroso y difícil de gestionar, pueden mudarse a otro lugar; ellos tienen una opción que no está al alcance del resto de sus vecinos (físicamente) cercanos. La opción de encontrar una alternativa más agradable a las incomodidades locales les proporciona un grado de independencia con el que otros residentes urbanos solo pueden soñar, y el lujo de una altiva indiferencia que los demás no se pueden permitir. Su interés por «poner en orden los asuntos de la ciudad» y su compromiso con ello tienden a ser considerablemente menos amplios e incondicionales que en el caso de quienes tienen menos libertad para romper el vínculo local de forma unilateral.

No obstante, eso no significa que en su búsqueda de «sentido y de identidad», cosas que necesita y que anhela con la misma intensidad que cualquier otra persona, la élite conectada globalmente pueda dejar de lado el lugar en el que (aunque sea de manera temporal y «hasta nuevo aviso») vive y trabaja. Como todos los demás hombres y mujeres, los miembros de esa élite no pueden evitar formar parte del paisaje urbano, y sus proyectos vitales, lo quieran o no, están inscritos en la localidad. En cuanto operadores globales, pueden vagar por el ciberespacio, pero, como agentes humanos, están día tras día confinados en el espacio físico en el que operan, en el entorno preestablecido y reprocesado continuamente en el curso de las luchas de los seres humanos por encontrar sentido, identidad y reconocimiento. La experiencia humana tiende a configurarse y a recopilarse alrededor de *lugares*, lugares en los que se intenta gestionar la vida compartida, en los que se conciben, se absorben y se negocian los sentidos de la vida. Y es *en* lugares donde se gestan e incuban los impulsos y los deseos humanos, donde se vive con la esperanza de cumplirlos, donde se corre el riesgo de ver cómo se frustran y donde, de hecho, la mayoría de las veces se malogran y se ahogan.

Las ciudades contemporáneas son, por ese motivo, los escenarios o los campos de batalla en los que los poderes globales y los tenazmente locales sentidos e identidades se encuentran, chocan, luchan y buscan un acuerdo que sea satisfactorio o como mínimo tolerable, un modo de cohabitación que esperan que proporcione una paz duradera, pero que por regla general solo da lugar a un armisticio, a breves intervalos de tiempo que permiten reparar las defensas deterioradas para poder volver a desplegar las unidades de combate. Es esa confrontación, y no cualquier otro factor aislado, lo que pone en marcha y guía la dinámica de la ciudad «líquida moderna».

Y que nadie se equivoque: esa situación puede darse en *cualquier* ciudad, aunque no con la misma intensidad. En su reciente viaje a Copenhague, Michael Peter Smith recuerda, en una sola hora, haber paseado «entre pequeños grupos de inmigrantes turcos, africanos y de Oriente Medio», haber observado a «varias mujeres árabes con velo y sin él», haber leído «carteles en varios idiomas no europeos» y haber mantenido «una interesante conversación con un camarero irlandés en un bar inglés frente a los jardines del Tivoli».[13] Esas experiencias sobre el terreno demostraron ser útiles, dice Smith, en la conferencia sobre conexiones transnacionales que dio en Copenhague más tarde esa misma semana, «cuando un interpelante insistió en que el transnacionalismo era un fenómeno que podía ser pertinente para "ciudades globales" como Nueva York o Londres, pero que tenía poca relevancia para lugares más insulares como Copenhague».

Los poderes reales que establecen las condiciones en las que todos actuamos hoy en día fluyen en el espacio *global*, mientras que nuestras instituciones de acción política permanecen en gran medida atadas al suelo; son, como antes, *locales*.

Dado que hoy son, y están destinados a seguir siéndolo en un futuro previsible, principalmente locales, los organismos políticos que operan en el espacio urbano, en ese escenario en el que se representa a diario el drama de la política, tienden a adolecer fatalmente de una grave carencia de poder para actuar, sobre todo del tipo de poder que les permitiría actuar de forma eficaz y soberana. La otra cara de ese relativo desempoderamiento de la política local es la escasez de política en el ciberespacio extraterritorial, el campo de juego del poder real.

Una de las paradojas más desconcertantes que revela nuestro tiempo es que, en un planeta en rápido proceso de *globalización*, la política tiende a ser *local* de una manera apasionada y consciente. Expulsada del ciberespacio, o, mejor dicho, nunca admitida en él y con el acceso, hoy por hoy, todavía bloqueado, retrocede y vuelve a centrarse en los asuntos que están «a su alcance»: los problemas locales y las relaciones de vecindad. Para la mayoría de nosotros, y durante la mayor parte del tiempo, las cuestiones locales parecen ser *las únicas* con respecto a las cuales podemos «hacer algo»: influir, solucionar, mejorar, redirigir. Solo en el marco de los asuntos locales puede atribuirse a nuestras acciones o a nuestra falta de acciones el mérito de «marcar la diferencia», ya que para esos otros asuntos «supralocales» no existe «ninguna alternativa» (o así nos lo dicen repetidamente nuestros líderes políticos y todas las demás «personas informadas»); llegamos a sospechar que, dada la lamentable insuficiencia de los medios y de los recursos de que disponemos, los «asuntos globales» seguirán su curso con independencia de lo que hagamos o de lo que sensatamente podamos considerar hacer.

Pero hay asuntos que, aunque sus recónditas raíces y causas son, sin duda, *globales* y remotas, solo entran en la esfera de las preocupaciones políticas a través de sus ramificaciones y repercusiones *locales*. La contaminación global del aire o el abastecimiento de agua —al igual que la producción global de personas «superfluas» y de exiliados— se convierten en un asunto *político* cuando se construye un vertedero de residuos tóxicos, o un centro de acogida para refugiados y solicitantes de asilo sin hogar, al lado de nuestra casa, en «nuestro patio trasero», alarmantemente cerca de nuestra morada, pero también prometedoramente «a nuestro alcance». La progresiva mercantilización de la sanidad, efecto evidente de la competencia a degüello entre los gigantes farmacéuticos supranacionales, entra en la escena *política* cuando se cercenan los servicios de un hospital de barrio o se suprimen gradualmente las residencias de ancianos y las instituciones de salud mental. Fueron los habitantes de una ciudad, Nueva York, o, más exactamente, de Manhattan, apenas una parte de esa gran ciudad en expansión, los que tuvieron que hacer frente a los estragos causados por un terrorismo gestado globalmente; y son los ayuntamientos y los alcaldes de otras ciudades los que ahora tienen que asumir la responsabilidad de proteger la seguridad individual, de nuevo vulnerable y expuesta a fuerzas firmemente atrincheradas que quedan muy lejos del alcance de cualquier corporación municipal y que asestan golpes desde la seguridad de sus lejanos refugios. Por su parte, la devastación global de los medios de subsistencia y el desarraigo de poblaciones largamente asentadas entran en el horizonte de la acción política a través de las tareas destinadas a integrar a los variopintos «migrantes económicos» que abarrotan todas esas calles que antaño presentaban un aspecto uniforme...

En resumen: *las ciudades se han convertido en los vertederos de problemas creados y gestados globalmente*. Los habitantes de las ciudades y sus representantes electos tienden a enfrentarse a una tarea que ni por asomo pueden llevar a cabo: la tarea de encontrar soluciones *locales* para problemas y dilemas *creados globalmente*.

De ahí surge, permítaseme repetirlo, la paradoja de una política cada vez más local en un mundo cada vez más modelado y remodelado por los procesos globales. Como advertía Castells, la señal más y más palmaria de nuestro tiempo es la intensa (podría decirse que compulsiva y cada vez más obsesiva) «producción de sentido y de identidad: mi barrio, mi comunidad, mi ciudad, mi escuela, mi árbol, mi río, mi playa, mi iglesia, mi paz, mi entorno».[14] «Indefensa ante el torbellino global, la gente se aferra a sí misma.» Y permítaseme igualmente señalar que cuanto más «se aferra a sí misma», más «indefensa ante el torbellino global» tiende a encontrarse, y, por lo tanto, también se vuelve menos capaz de decidir, y mucho menos aún de afirmar, los sentidos y las identidades locales, que son, aparentemente, los suyos propios, y ello para gran alegría de los operadores globales, que no tienen motivos para temer a los indefensos.

Como insinuaba Castells en otro lugar, la creación del «espacio de los flujos» establece una nueva jerarquía (global) de dominación-a-través-de-la-amenaza-de-la-desconexión. El «espacio de los flujos» puede «escapar al control de cualquier lugar», mientras que (¡y por eso mismo!) «el espacio de los lugares está fragmentado, delimitado y, por consiguiente, se muestra cada vez más impotente ante la versatilidad del espacio de los flujos, y la única posibilidad para las localidades de resistir sus embates pasa por negar los derechos de aterrizaje a los arrolladores flujos, pero solo para ver que aterrizan en algún lugar cercano, lo que provoca la exclusión y la marginación de las comunidades rebeldes».[15]

Como resultado, la *política local* —y, en particular, la política *urbana— se ha visto totalmente sobrecargada,* al tener que asumir responsabilidades que están muy por encima de su capacidad de carga y de desempeño. Ahora se espera que mitigue las consecuencias de una globalización fuera de control utilizando medios y recursos que esa misma globalización ha hecho que sean de una pobreza lamentable. De ahí la perpetua incertidumbre con la que todos los agentes políticos se ven obligados a actuar; una incertidumbre que los políticos a veces reconocen, pero que casi siempre intentan encubrir con una exhibición pública de músculo y de bravuconería retórica, que tiende a ser más enérgica y vehemente cuanto más desgraciados son y más necesitados de medios están esos mismos políticos.

Con independencia de lo que haya ocurrido con las ciudades a lo largo de su historia y de lo drásticamente que hayan podido cambiar su estructura espacial, su aspecto y su estilo de vida con el paso de los años o de los siglos, una característica se ha mantenido constante: las ciudades son espacios en los que los *extraños* viven y se mueven en estrecha cercanía.

Al ser un componente permanente de la vida de la ciudad, la sempiterna y ubicua presencia de extraños, que siempre están a la vista y al alcance de la mano, añade una buena dosis de incertidumbre perpetua a todos los proyectos vitales de los habitantes de la ciudad. Esa presencia, imposible de evitar más que por un breve instante, es una fuente inagotable de ansiedad y de una agresividad que suele estar latente pero que acaba estallando en múltiples ocasiones.

El miedo ambiental, aunque subliminal, a lo desconocido busca desesperadamente válvulas de escape creíbles. La mayoría de las veces, las ansiedades acumuladas tienden a descargarse contra una categoría específica de «extranjeros», elegidos como paradigma de la «extrañeza»: la falta de familiaridad y la opacidad del entorno vital, la vaguedad de los riesgos y la naturaleza desconocida de las amenazas. Al expulsar de sus hogares y de sus negocios a una categoría concreta de «extranjeros», se exorciza durante algún tiempo el aterrador fantasma de la incertidumbre; se quema en efigie, de forma simbólica, el horripilante monstruo de la inseguridad. La función latente de las barreras en las fronteras, en apariencia erigidas contra los «falsos solicitantes de asilo» y los migrantes «meramente económicos», es fortificar la existencia inestable, errática e impredecible de los de dentro. Pero la vida líquida moderna está destinada a seguir siendo errática y caprichosa, sean cuales sean el trato que se dé y las difíciles condiciones que se impongan a los «extranjeros indeseables», por lo que el alivio tiende a ser efímero y las esperanzas depositadas en «medidas duras y decisivas» se desvanecen tan pronto como aparecen.

El extraño es, por definición, un agente movido por intenciones que uno puede, en el mejor de los casos, suponer, pero sin estar nunca seguro de haberlas captado en su totalidad. El extraño es la variable desconocida en todas las ecuaciones que se plantean los habitantes de la ciudad cuando han de tomar decisiones respecto a qué hacer y cómo comportarse; así que, aunque los extraños no se conviertan en objeto de agresiones flagrantes y no se sientan abierta y gravemente ofendidos, su presencia en el campo de acción sigue siendo desconcertante, lo cual dificulta la tarea de predecir los efectos de las acciones y sus posibilidades de éxito o de fracaso.

Compartir el espacio con extraños, vivir en su molesta y no buscada proximidad, es una condición que a los habitantes de la ciudad les resulta difícil, quizá imposible, esquivar. La proximidad de los extraños es su destino, un *modus vivendi* permanente que debe ser diariamente escudriñado y supervisado, experimentado, probado y vuelto a probar, y (con suerte) configurado de tal forma que la convivencia con ellos resulte agradable y la vida en su compañía, soportable. Esa necesidad es un «hecho», no es negociable; pero el modo en que los habitantes de la ciudad satisfacen las exigencias de esa necesidad es una cuestión de elección. Y cada día se hace algún tipo de elección, ya sea por comisión o por omisión; por designio o por defecto; por decisión consciente o por un simple seguimiento ciego y mecánico de los patrones habituales; a través de discusiones y deliberaciones conjuntas, o sencillamente sumándose de manera individual al empleo de los medios de confianza del momento (porque están de moda y todavía no han sido desacreditados).

Las novedades descritas por Steven Flusty que he referido más arriba son manifestaciones de alta tecnología de la ubicua *mixofobia* urbana.

La «mixofobia» es una reacción, altamente predecible y generalizada, frente a la abrumadora, escalofriante y exasperante variedad de tipos humanos y de estilos de vida que se dan cita y concurren en las calles de las ciudades contemporáneas, no solo en los oficialmente proclamados (y por esa razón evitados) «barrios conflictivos» o «calles de mala muerte», sino también en sus áreas habitadas «ordinarias» (léase: no protegidas por «espacios interdictorios»). A medida que se vayan afianzando la polivocalidad y la diversidad cultural del entorno urbano de la era de la globalización —y es probable que con el paso del tiempo se intensifiquen en lugar de mitigarse—, las tensiones derivadas de la fastidiosa/confusa/irritante falta de familiaridad de ese entorno seguramente seguirán generando impulsos segregacionistas.

La descarga de esos impulsos puede aliviar (de forma temporal pero reiterada) las crecientes tensiones. Cada descarga sucesiva renueva la esperanza frustrada por la anterior, lo que quizá permita que, aunque las diferencias desagradables y desconcertantes resulten inexpugnables e insolubles, se pueda al menos extraer el veneno de sus aguijones asignando a cada forma de vida un espacio físico separado, inclusivo y exclusivo, bien demarcado y bien custodiado... Mientras tanto, a falta de esa solución radical, tal vez uno podría asegurarse por lo menos para sí mismo, para sus parientes y amigos y para otras «personas como él» un territorio libre de esa confusión y ese desorden que padecen irremediablemente otras áreas de la ciudad. La mixofobia se manifiesta en el impulso de descubrir islas de similitud e igualdad en medio de un mar de diversidad y diferencia.

Las raíces de la mixofobia son banales, no son nada difíciles de encontrar y son fáciles de entender, aunque no necesariamente fáciles de perdonar. Como sugiere Richard Sennett, «el sentimiento de "nosotros", que expresa el deseo de ser similares, es una forma para los hombres» y para las mujeres de «evitar la necesidad de profundizar los unos en los otros».[16] Promete, podríamos decir, cierto consuelo espiritual: la posibilidad de hacer que la convivencia sea más llevadera eliminando el esfuerzo de comprender, de negociar y de avenirse que requiere el hecho de vivir entre la diferencia y con ella. «El deseo de eludir una participación real es innato al proceso de crear una imagen coherente de comunidad. Sentir vínculos comunes sin experiencia común ocurre, en primer lugar, porque los hombres temen participar, temen los peligros y los desafíos que esa participación conlleva, temen el dolor que pueda suscitar.»

El impulso hacia la búsqueda de una «comunidad de la similitud» es una señal de retirada no solo de la otredad *exterior*, sino también del compromiso con la interacción *interior*, viva pero turbulenta, estimulante pero incómoda. El atractivo de una «comunidad de la igualdad» es el de una póliza de seguros contra los riesgos que trae consigo la vida cotidiana en un mundo polivocal. La inmersión en la «igualdad» no reduce, ni mucho menos elimina, los riesgos que la provocan. Como cualquier paliativo, a lo sumo tan solo puede prometer un refugio contra algunos de sus efectos más inmediatos y temidos.

Elegir la opción de la evasión como remedio para la mixofobia tiene una consecuencia en sí misma insidiosa y perjudicial: una vez adoptado, el régimen presuntamente terapéutico se perpetúa y se refuerza a sí mismo cuanto más inefectivo es. Sennett explica por qué sucede (y, de hecho, debe suceder) tal cosa: «Las ciudades de Estados Unidos han crecido durante las dos últimas décadas de tal modo que las zonas étnicas se han vuelto más bien homogéneas; no parece ser una casualidad que el miedo al forastero también haya crecido, hasta el punto de que esas comunidades han quedado aisladas».[17] Cuanto más tiempo permanecen las personas en un entorno uniforme —en compañía de otras personas «como ellas» con las que pueden «socializar» de manera superficial y prosaica, sin riesgo de malentendidos y sin tener que vérselas con la fastidiosa necesidad de traducir entre distintos universos de sentido—, más probable es que «desaprendan» el arte de negociar sentidos compartidos y un *modus convivendi* agradable. Dado que han olvidado o descuidado la adquisición de las habilidades necesarias para tener una vida gratificante en medio de la diferencia, no es de extrañar que aquellos que buscan y practican la terapia de la evasión vean con creciente horror la posibilidad de enfrentarse cara a cara con los extraños. Estos tienden a parecer más aterradores cuanto más ajenos, desconocidos e incomprensibles resultan, y cuando el diálogo y la interacción, que con el tiempo podrían acabar asimilando su «otredad» al mundo vital propio del otro, se desvanecen, o bien no logran despegar desde un principio. Puede que sea la mixofobia lo que desencadene el impulso hacia un entorno homogéneo y territorialmente aislado, pero la *práctica* de la separación territorial es el salvavidas y el alimento de esa mixofobia; se convierte de forma gradual en su principal refuerzo.

Sin embargo, la mixofobia no es el único combatiente en el campo de batalla urbano.

Vivir en la ciudad es una experiencia claramente

ambivalente. Atrae *y* repele por igual. Para hacer que la delicada situación del habitante de la ciudad sea aún más angustiosa y difícil de remediar, son *los mismos* aspectos de la vida urbana los que, de forma intermitente o simultánea, atraen y repelen... La confusa diversidad del entorno urbano es una fuente de temor (en particular para aquellos de nosotros que ya hemos «perdido las costumbres familiares», sumidos como estamos en un estado de aguda incertidumbre por los desestabilizadores procesos de la globalización). *Los mismos* titileos y destellos caleidoscópicos del paisaje urbano, nunca carente de novedad y de sorpresa, constituyen su irresistible encanto y su poder de seducción.

Enfrentarse al incesante y siempre deslumbrante espectáculo de la ciudad no se experimenta, por lo tanto, como una pesadilla y una maldición de modo inequívoco; ni protegerse frente a él se siente como una pura bendición. La ciudad fomenta la *mixofilia* tanto como siembra y alimenta la mixofobia. Intrínseca e irremediablemente, la vida en la ciudad es un asunto *ambivalente*.

Cuanto más grande y heterogénea es una ciudad, más alicientes puede albergar y ofrecer. La condensación masiva de extraños es, al mismo tiempo, un repelente y un imán poderosísimo, que atrae a la ciudad a nuevas cohortes de hombres y mujeres cansados de la monotonía de la vida rural o pueblerina, hartos de sus repetitivas rutinas y desesperados por la falta de oportunidades. La variedad es una promesa de oportunidades, de muchas y diferentes oportunidades, oportunidades que se adaptan a todas las habilidades y a todos los gustos. Por eso, cuanto más grande sea una ciudad, más probable será que atraiga a un número creciente de personas que rechazan o se ven privadas de oportunidades y de posibilidades de aventura en lugares más pequeños y, por consiguiente, menos tolerantes con las diferentes idiosincrasias y más estrictos con las libertades que ofrecen o que realmente toleran. Parece que la mixofilia, al igual que la mixofobia, es una tendencia autopropulsada, autopropagada y autovigorizante. Es posible que ninguna de las dos se agote o pierda parte de su vigor en el curso de la renovación de la ciudad y de la remodelación del espacio urbano.

La mixofobia y la mixofilia coexisten en todas las ciudades, pero también en el interior de cada uno de sus habitantes. Es cierto que se trata de una coexistencia incómoda, llena de ruido y de furia, pero significa mucho para las personas que sufren los efectos de esa ambivalencia característica de la modernidad líquida.

Dado que los extraños están destinados a seguir viviendo en compañía de los demás aún durante mucho tiempo, sean cuales sean las futuras vueltas y giros que dé la historia urbana, el arte de vivir pacífica y felizmente con la diferencia y de beneficiarse de la variedad de estímulos y de oportunidades adquiere una importancia crucial entre las habilidades que un habitante de la ciudad necesita (y sería conveniente que lo hiciera) aprender y desplegar.

En vista de esa creciente movilidad humana típica de la época de la modernidad líquida y de los precipitados cambios en el reparto, en las tramas y en los decorados del escenario urbano, la erradicación completa de la mixofobia no parece que sea factible. No obstante, quizá sí se pueda hacer algo para influir en las proporciones en que se mezclan la mixofilia y la mixofobia y para reducir el oscuro impacto de esta última, así como la ansiedad y la angustia que genera. De hecho, parece que los arquitectos y los urbanistas podrían hacer mucho para favorecer el crecimiento de la mixofilia y para minimizar aquellas circunstancias que puedan dar ocasión a reacciones mixófobas frente a los desafíos de la vida en la ciudad. Y, por lo visto, también pueden hacer mucho, y bien es verdad que lo están haciendo, para provocar el efecto contrario.

Como hemos visto antes, la segregación de las zonas residenciales y de los espacios accesibles al público, por muy atractiva que sea desde el punto de vista comercial para los promotores inmobiliarios como una forma ágil de obtener beneficios, y para sus clientes como un apaño rápido para las ansiedades generadas por la mixofobia, es, en realidad, la primera causa de esta. Las soluciones que se ofrecen crean o incluso agravan los problemas que pretenden resolver: los constructores de comunidades cerradas y de núcleos residenciales estrechamente vigilados y los arquitectos que diseñan «espacios interdictorios» crean, reproducen e intensifican la demanda que pretenden satisfacer y la necesidad que prometen colmar.

La paranoia mixófoba se alimenta de sí misma y actúa como una profecía autocumplida. Si se ofrece y se asume la segregación como un remedio radical contra los peligros que representan los extraños, la cohabitación con ellos se hace cada día más difícil. Homogeneizar los barrios y reducir después al mínimo imprescindible todo comercio y comunicación entre ellos es una receta infalible para intensificar e incrementar el impulso de excluir y de segregar. Esa medida puede ayudar de forma temporal a reducir el dolor que sienten las personas afectadas de mixofobia, pero el remedio es en sí mismo patógeno y hace que esa afección sea más profunda y menos remediable, de modo que se necesitan nuevas dosis del medicamento, cada vez más fuertes, para mantener el dolor en un umbral tolerablemente bajo. La homogeneidad social del espacio, acentuada y reforzada por la segregación espacial, reduce la tolerancia de sus residentes hacia la diferencia y multiplica así las ocasiones que pueden dar lugar a reacciones mixófobas, haciendo que la vida en la ciudad parezca más «propensa al riesgo» y, por lo tanto, más angustiosa, en vez de hacer que se perciba como más segura y, por consiguiente, más tranquila y agradable.

Para la consolidación y el cultivo de sentimientos mixófilos sería más favorable la estrategia arquitectónica y urbanística opuesta: la construcción de espacios públicos abiertos, acogedores y hospitalarios, a los que todas las categorías de residentes urbanos se sintieran tentados a acudir con regularidad y que compartieran sabiamente y de buena gana. Como señaló Hans-Georg Gadamer en su célebre *Verdad y método*, el entendimiento mutuo se debe a una «fusión de horizontes»: los horizontes cognitivos, es decir, los horizontes que se trazan y se amplían conforme se va acumulando experiencia vital. La «fusión» que requiere el entendimiento mutuo solo puede resultar de una experiencia *compartida;* y compartir la experiencia es inconcebible sin compartir el espacio.

Los miedos contemporáneos más angustiosos nacen de la incertidumbre existencial. Sus raíces se prolongan mucho más allá de las condiciones de vida urbanas, y todo lo que se pueda hacer dentro de la ciudad y en el ámbito del espacio urbano y de los recursos gestionados por la ciudad para arrancar de cuajo esas raíces quedará muy por debajo de lo que semejante tarea requeriría. La mixofobia, que pone en peligro la convivencia de los habitantes de la ciudad, no es el origen de la ansiedad de estos, sino el producto de una interpretación perversa y engañosa de sus causas; una manifestación de tentativas desesperadas, a la postre no concluyentes, de mitigar el dolor que provoca la ansiedad: se elimina la picazón al interpretar erróneamente que así se curará la enfermedad. La mixofilia, tan arraigada en la vida de la ciudad como su contraparte mixófoba, es la que contiene un germen de esperanza: esperanza no solo de hacer que la vida urbana —un tipo de vida que exige convivir e interactuar con una enorme, quizá infinita, variedad de extraños— sea menos preocupante y más fácil de practicar, sino también esperanza de mitigar las tensiones que surgen, por causas similares, a escala planetaria.

Como se ha mencionado antes, hoy en día las ciudades son vertederos para problemas originados globalmente; pero también se pueden ver como laboratorios en los que a diario se inventan, se ponen a prueba, se memorizan y se asimilan los modos y las maneras de vivir con la diferencia, modos y maneras que aún deben aprender los habitantes de un planeta cada vez más superpoblado. El trabajo de la «fusión de horizontes» de Gadamer, esa condición necesaria de la *allgemeine Vereinigung der Menschheit* [unión universal de los hombres] de Kant, bien puede empezar en el escenario urbano. En ese escenario, la visión apocalíptica de Huntington acerca de un conflicto irreconciliable y de un ineludible «choque de civilizaciones»[18] puede convertirse en una serie de encuentros cotidianos beneficiosos, y a menudo muy gratificantes y agradables, con esa humanidad que se esconde detrás de las máscaras escénicas, aterradoramente desconocidas, de las razas, las nacionalidades, las deidades y las liturgias diferentes y mutuamente extrañas. En ningún otro lugar como en las calles compartidas de la ciudad puede uno descubrir y aprender que, como dijera Mark Juergensmeyer,[19] aunque las «seculares expresiones ideológicas de rebelión» tienden en estos días a ser «sustituidas por formulaciones ideológicas de carácter religioso», «las quejas —la sensación de alienación, de marginación y de frustración social— suelen ser más o menos las mismas», y lo son más allá de las fronteras confesionales, que de por sí separan y generan antagonismos.

5
La utopía en la época de la incertidumbre

Ni siquiera la vida de las personas más felices (o de las más afortunadas, según una opinión común y un tanto envidiosa de las que son infelices) está libre de complicaciones. Pocos de nosotros estamos dispuestos a declarar que todo en nuestra vida funciona como nos gustaría que funcionara, y hasta esos pocos conocemos instantes de duda.

Todos estamos familiarizados con momentos desagradables e incómodos en los que las cosas o las personas nos causan preocupaciones que no esperábamos y que, desde luego, no deseábamos que nos causaran. Lo que hace que tales adversidades («golpes del destino», como a veces las llamamos) sean particularmente molestas es que llegan sin avisar: no esperamos que sobrevengan, y bastante a menudo no creemos que puedan estar al caer. Nos golpean, como solemos decir, «como rayos caídos del cielo», de modo que no podemos tomar precauciones y evitar la catástrofe, ya que nadie espera que caiga un rayo de un cielo despejado...

Lo inesperado de los golpes, su irregularidad, su desagradable capacidad para llegar desde cualquier dirección: todo eso los hace imprevisibles, y a nosotros nos deja indefensos. Mientras los peligros sigan siendo eminentemente flotantes, caprichosos y frívolos, nosotros seremos su blanco fácil: será muy poco lo que podamos hacer, si es que podemos hacer algo, para evitarlos. Semejante desesperanza es aterradora. Incertidumbre significa miedo. No es de extrañar que soñemos una y otra vez con un mundo sin contratiempos, con un mundo regular, con un mundo previsible, y no con un mundo inescrutable; aunque algunos filósofos, como Leibniz, tienen razón cuando afirman que un «mundo perfecto» no sería perfecto si no contuviera cierta dosis de maldad, al menos dejemos que esa maldad quede confinada en recintos vallados de modo fiable, bien delimitados y estrechamente vigilados y custodiados, de manera que uno pueda saber qué es cada cosa, dónde está y cuándo debe esperar que suceda algo, y estar así preparado para afrontarlo cuando llegue. En otras palabras, soñamos con un mundo fiable, con un mundo en el que podamos confiar. Con un mundo seguro.

«Utopía» es el nombre que, por cortesía de Tomás Moro, se ha dado comúnmente a esos sueños desde el siglo XVI; es decir, desde el momento en que las antiguas y en apariencia eternas rutinas empezaron a desmoronarse, cuando los viejos hábitos y convenciones comenzaron a mostrar su edad y los rituales, su sordidez, cuando la violencia se extendió de forma generalizada (o así era como la gente tendía a explicar la profusión de demandas y de acciones poco ortodoxas a las cuales no estaba acostumbrada y que los poderes, que hasta entonces había creído omnipotentes, encontraban demasiado díscolas o demasiado difíciles de manejar para poder controlarlas, y demasiado poderosas e ingobernables para domesticarlas con los métodos antiguos y aparentemente probados). Cuando Tomás Moro escribió su proyecto para un mundo libre de amenazas imprevisibles, la improvisación y la experimentación, plagadas de riesgos y de errores, se estaban convirtiendo con rapidez en algo habitual y frecuente.

Moro sabía muy bien que, por más que fuera el diseño de un escenario para una vida buena, su proyecto de un mundo libre de inseguridad y de miedos descontrolados tan solo era un sueño; a ese proyecto lo llamó «utopía», aludiendo simultáneamente a *dos* términos griegos: *eutopia*, es decir, «buen lugar», y *outopia*, que significa «ningún lugar». Sin embargo, sus numerosos seguidores e imitadores fueron más decididos o menos cautelosos. Vivían en un mundo que, con razón o sin ella y para bien o para mal, estaba seguro de que disponía de la sagacidad necesaria para diseñar un mundo más deseable, libre de miedos, y de la perspicacia requerida para nivelar el irracional «es» con el «debería» dictado por la razón. Esa confianza les dio el valor y las agallas para intentar ambas cosas.

Durante los siguientes siglos, el mundo moderno iba a ser un mundo optimista; un mundo-que-viviría-de-cara-a-la-utopía. También iba a ser un mundo que creería que una sociedad sin utopía no sería habitable y, en consecuencia, que una vida sin utopía no merecería la pena ser vivida. En caso de duda, siempre se podría confiar en la autoridad de las mentes más brillantes y admiradas del lugar. Por ejemplo, en Oscar Wilde:

> A un mapa del mundo que no incluya Utopía no vale la pena ni siquiera echarle un vistazo, porque deja fuera el único país en el que la Humanidad siempre desembarca. Y, cuando la Humanidad desembarca en él, mira a lo lejos y, al divisar una tierra mejor, se hace a la mar. El progreso es la realización de las Utopías.

No obstante, en retrospectiva, uno se siente inclinado a corregir la última frase, y ello por dos motivos. Primero: el progreso fue una *persecución de utopías*, más que su *realización*. Las utopías han desempeñado el papel de las liebres mecánicas, perseguidas ferozmente pero nunca atrapadas por los perros de carreras. Segundo: la mayoría de las veces, el movimiento llamado «progreso» fue más un esfuerzo por huir de las utopías fracasadas que por alcanzar utopías aún no experimentadas; un huir de lo «no tan bueno como se esperaba», en lugar de tomar como base lo «bueno» para llegar hasta lo «mejor»; un esfuerzo alentado por las frustraciones pasadas más que por la dicha futura. Las realidades declaradas como «realizaciones» de las utopías resultaron ser, casi siempre, desagradables caricaturas de los sueños, y no el paraíso soñado. La acuciante razón para «hacerse a la mar» de nuevo era la aversión hacia lo que *se había* hecho, más que la atracción por lo que *todavía podría* hacerse...

Del otro lado del canal de la Mancha llegó una opinión que coincidía con la de Oscar Wilde y que fue recogida por otro sabio, Anatole France:

> Sin las Utopías de otros tiempos, los hombres seguirían viviendo en cavernas, miserables y desnudos. Fueron

> los utopistas quienes trazaron las líneas de la primera ciudad [...]. De los sueños generosos nacen las realidades beneficiosas. La Utopía es el principio de todo progreso y el ensayo de un futuro mejor.

Evidentemente, en la época en la que nació Anatole France, las utopías se habían asentado de una manera tan firme en la conciencia pública y en los quehaceres de la vida cotidiana que la existencia humana *sin* utopía le parecía al escritor francés no solo inferior e irremediablemente imperfecta, sino del todo inimaginable. Para Anatole France era obvio, al igual que para muchos de sus contemporáneos, que incluso los trogloditas tuvieron que soñar con sus propias utopías, de ahí que dejáramos de vivir en cavernas... ¿Cómo podríamos, si no, pasear por los bulevares parisinos del barón Haussmann?, se preguntaría Anatole France. ¡No podría haber habido una «primera ciudad» si la «utopía de una ciudad» no hubiera precedido a su construcción! En todo momento tendemos a proyectar nuestra propia forma de vida sobre otras formas de vida si queremos entenderlas, por lo que a las generaciones educadas y preparadas para alejarse de las utopías aún no experimentadas, y empujadas por otras utopías ya desacreditadas, esa pregunta les habría parecido puramente retórica, y su verdad, casi pleonástica...

Sin embargo, en contra de la opinión expresada por Anatole France y basada en el sentido común de sus contemporáneos, las utopías nacieron junto con la modernidad y solo en la atmósfera moderna pudieron respirar.

Ante todo, una utopía es una imagen de otro universo, distinto del universo que uno conoce de primera mano o por las referencias de otros. Además, anticipa un universo originado enteramente por la sabiduría y la devoción humanas. Pero la idea de que los seres humanos pueden sustituir el mundo-que-es por otro mundo diferente, un mundo íntegramente creado por ellos mismos, estaba casi del todo ausente del pensamiento humano antes de la llegada de los tiempos modernos.

La tediosa monotonía de la autorreproducción de las formas premodernas de vida humana, sujetas solo a cambios demasiado lentos para ser advertidos, favorecía poco, y alentaba aún menos, las cavilaciones en torno a formas alternativas de vida humana en la tierra, excepto en forma de Apocalipsis o de juicio final, ambos de origen divino. Para llevar la imaginación humana hasta la mesa de dibujo en la que se esbozaron las primeras utopías fue necesario un colapso acelerado de la capacidad autorreproductiva del mundo humano; un tipo de colapso que pasó a la historia como el nacimiento de la era moderna.

Para nacer, el sueño utópico necesitaba dos condiciones. En primer lugar, una sensación abrumadora (aunque difusa y todavía inarticulada) de que el mundo no estaba funcionando adecuadamente y de que era improbable que se arreglara sin una revisión minuciosa. En segundo lugar, la confianza en el potencial humano para estar a la altura de la tarea, la creencia de que «nosotros, los humanos, podemos hacerlo», armados como estamos con la razón, que puede reconocer qué tiene de malo el mundo y descubrir qué utilizar para reemplazar sus partes enfermas, así como con la capacidad para construir las herramientas y las armas necesarias para injertar tales aspiraciones en la realidad humana. En síntesis, se necesitaba tener la confianza de que, bajo la dirección humana, el mundo podría conformarse de una manera más adecuada para satisfacer las necesidades humanas, cualesquiera que estas fueran o pudieran llegar a ser.

Podemos decir que si la postura premoderna ante el mundo se asemejaba a la de un guardabosque, la que mejor serviría como metáfora de la cosmovisión y la práctica modernas es la del jardinero.

La principal tarea de un guardabosque es defender la porción de tierra que tiene a su cargo contra cualquier intromisión humana, para proteger y preservar, por decirlo así, su «equilibrio natural», esa encarnación de la infinita sabiduría de Dios o de la Naturaleza. La tarea del guardabosque consiste en descubrir e inutilizar rápidamente los cepos que hayan podido colocar los cazadores furtivos e impedir la intrusión de cazadores extraños e ilegítimos, para no comprometer la perpetuación de ese «equilibrio natural». Las labores del guardabosque se basan en la creencia de que las cosas lucen mejor cuando no se manipulan; en la época premoderna se basaban en la creencia de que el mundo era una cadena divina de la existencia, en la que cada criatura tenía su lugar legítimo y provechoso, aunque las capacidades mentales humanas fueran demasiado limitadas para comprender la sabiduría, la armonía y el orden de los designios de Dios.

El jardinero, en cambio, da por hecho que no habría orden alguno en el mundo (o, como mínimo, en la pequeña parte de ese mundo que tiene confiada a su cuidado) si no fuera por su atención y sus esfuerzos constantes. El jardinero sabe mejor que nadie qué tipos de plantas deberían crecer y cuáles no en la parcela que tiene a su cargo. Primero elabora mentalmente la disposición más conveniente y luego se encarga de que esa imagen quede esculpida en la pequeña porción de terreno. Impone en esa parcela su diseño preconcebido, fomentando el crecimiento de los tipos de plantas adecuados (en su mayor parte, plantas que él mismo ha sembrado o plantado) y arrancando y destruyendo todas las demás, ahora rebautizadas como «malas hierbas», cuya presencia, no requerida y poco grata, poco grata *porque* no ha sido requerida, no puede cuadrar con la armonía general del diseño.

Los jardineros suelen ser los creadores de utopías más entusiastas y expertos (uno se siente tentado a decir «profesionales»). Es en la imagen de armonía ideal de los jardineros, trazada primero en un plano mental, donde «los jardines siempre aparecen», un prototipo de la forma en que la humanidad, para recordar el postulado de Oscar Wilde, tendería a desembarcar en el país llamado «Utopía».

Si uno oye hoy en día expresiones como «la muerte de la utopía», «el fin de la utopía» o «el desvanecimiento de la imaginación utópica», salpicadas en los debates contemporáneos con la suficiente densidad para afianzarse en el sentido común y ser así tomadas como evidentes, es porque actualmente la postura del jardinero está cediendo el paso a la del *cazador*.

A diferencia de los dos tipos que prevalecían antes de que empezara a cumplir con sus atribuciones, al cazador le importa un bledo el «equilibrio de las cosas» en general, ya sea un equilibrio «natural» o uno planeado y artificial. Lo único que persiguen los cazadores es otra «presa», lo bastante grande para llenar sus morrales hasta los topes. Sin duda, no consideran que sea su deber asegurarse de que las reservas de presas que campan por los bosques se repondrán después (y a pesar) de sus cacerías. Si los bosques se quedan vacíos de animales debido a una montería especialmente provechosa, los cazadores pueden trasladarse a otro espacio natural más o menos virgen, todavía repleto de posibles trofeos de caza. Puede que se les ocurra pensar que en algún momento, en un futuro lejano y aún impreciso, el planeta podría quedarse sin bosques que explotar; pero, si así fuera, no lo verían como un problema inmediato, y desde luego no lo asumirían como un problema *suyo*. Después de todo, una posibilidad tan remota no pondrá en peligro los resultados de la cacería actual, ni tampoco los de la siguiente, por lo que seguramente no hay nada que me obligue hoy a mí, tan solo un cazador entre muchos, o a nosotros, tan solo una asociación de cazadores entre muchas, a reflexionar sobre ello, y mucho menos a hacer algo al respecto.

Ahora todos somos cazadores, o bien nos dicen que lo somos, y nos llaman u obligan a actuar como cazadores, so pena de expulsarnos de la cacería o de relegarnos (¡Dios no lo quiera!) a la categoría de presas. Y cada vez que miremos a nuestro alrededor, lo más probable es que veamos a otros cazadores solitarios como nosotros, o a cazadores que cazan en grupo, como también nosotros intentamos hacer de vez en cuando. Y tendríamos que esforzarnos mucho para poder divisar a algún jardinero que contemplara alguna armonía preconcebida más allá de la valla de su jardín privado y saliera luego a hacerla realidad (esa relativa escasez de jardineros y la creciente profusión de cazadores es lo que los científicos sociales se plantean con el erudito nombre de «individualización»). Definitivamente, no encontraremos muchos guardabosques, ni siquiera cazadores con rudimentos de la cosmovisión de los guardabosques, y esa es la razón principal por la que las personas con «conciencia ecológica» se alarman e intentan por todos los medios alertarnos al resto (esa lenta pero continua extinción de la filosofía del guardabosque, junto con una disminución de su variante jardinera, es lo que los políticos ensalzan con el nombre de «desregulación»).

Es lógico que en un mundo poblado mayoritariamente por cazadores quede poco o ningún espacio para las ideas utópicas, y que no haya mucha gente dispuesta a tomarse en serio un proyecto utópico si alguien se lo propusiera y le pidiera que lo considerara. Por lo tanto, aunque uno supiera cómo mejorar el mundo y mostrara mucho interés y empeño por mejorarlo, la pregunta realmente desconcertante sería esta: ¿quién tiene recursos suficientes y una voluntad lo bastante fuerte para hacer lo que hay que hacer...?

La previsión de esos recursos y de esa voluntad de actuar solía recaer en la autoridad soberana de los Estados-nación, pero, como ha observado recientemente Jacques Attali en *La voie humaine*, «las naciones han dejado de tener influencia en el curso de las cosas y han abandonado en manos de las fuerzas de la globalización todos los medios para guiar el mundo hacia un destino, y para levantar una defensa contra todas las variedades del miedo». Y las «fuerzas de la globalización», que se han apropiado de muchos de los antiguos poderes del Estado-nación, no son conocidas precisamente por sus instintos, sus filosofías o sus estrategias de «guardabosque» o de «jardinero». Ellas prefieren la caza y los cazadores.

Como libro de referencia para cazadores, el *Roget's Thesaurus*, merecidamente aclamado por su fiel registro de los sucesivos cambios en los usos verbales, parece tener ahora todo el derecho de incluir el concepto «utópico» al lado de otros como «fantasioso», «descabellado», «ficticio», «quimérico», «sin sentido», «poco factible», «poco realista», «poco razonable» e «irracional». ¿Estamos asistiendo, tal vez, al fin de la utopía?

Supongo que, si la utopía tuviera voz y además hubiera sido bendecida con el ingenio de Mark Twain, probablemente insistiría en que las noticias sobre su muerte han sido algo exageradas... Y tendría buenas razones para decir tal cosa. Hace un momento he tecleado la palabra «utopía» en mi ordenador, y el buscador de Google ha arrojado 4,4 millones de páginas web (a buen seguro habrá añadido muchas más para cuando usted lea estas palabras); un número impresionante incluso para los notoriamente excesivos estándares de internet, y difícilmente un síntoma de que la utopía sea un cadáver putrefacto o un cuerpo que sufre convulsiones terminales.

Pero echemos un vistazo más de cerca a las páginas web que aparecen en la lista. La primera, y posiblemente la más impactante, informa a los internautas de que «Utopía es uno de los juegos interactivos gratuitos en línea más importantes del mundo, con más de ochenta mil jugadores». Luego, dispersas aquí y allá, algunas referencias a la historia de las ideas utópicas y a centros que ofrecen cursos sobre esa historia, cursos destinados sobre todo a los amantes de las antigüedades y a los coleccionistas de curiosidades, y cuyas referencias más comunes se remontan al mismo Tomás Moro, el precursor de todo el asunto. Sin embargo, todas esas páginas web constituyen una minoría de entradas.

No voy a pretender haberle echado un vistazo a los 4,4 millones de entradas (la intención de hacer tal cosa quizá podría figurar entre los más utópicos de los proyectos utópicos), pero la impresión que he tenido tras leer una muestra aleatoria estadísticamente decente es que el término «utopía» se lo han apropiado sobre todo los operadores turísticos y las empresas de interiorismo y cosmética, así como también las firmas de moda. Las páginas web tienen algo en común: todas ellas ofrecen servicios *individuales* a individuos que buscan una satisfacción *individual* y un modo *individual* de evadirse de los desasosiegos sufridos *individualmente*.

Y tengo otra impresión: en las raras ocasiones en que la palabra «progreso» aparece en las páginas de inicio de los respectivos portales comerciales de esas empresas, ya no se refiere a un *impulso hacia delante*. Más que la persecución de un reclamo que corre a gran velocidad, lo que insinúa es una amenaza que hace imperativo escapar, aunque sea por los pelos; inspira el impulso contumaz de *huir* de un desastre que no nos deja ni a sol ni a sombra...

«Utopía» solía denotar una meta ansiada, soñada y remota a la que el progreso debería, podría y acabaría llevando a aquellos que aspiraban a un mundo que satisficiera mejor las necesidades humanas. En los sueños contemporáneos, sin embargo, la imagen del «progreso» parece haber abandonado el discurso de la *mejora compartida* por el de la *supervivencia individual*. El progreso ya no se concibe en el contexto de un impulso de avanzar a toda prisa, sino en relación con un esfuerzo desesperado por seguir en la carrera. La conciencia del progreso nos vuelve recelosos y nos llama a extremar la vigilancia: al oír hablar de que «los tiempos cambian», tendemos a preocuparnos por la posibilidad de quedarnos rezagados, de caer por la borda de un vehículo que acelera a gran velocidad, de no encontrar sitio en la siguiente ronda del «juego de las sillas». Cuando lees, por ejemplo, que Brasil es el «único destino de sol *este* invierno», lo que aprendes es que el próximo invierno debes evitar ser visto allí donde a buen seguro el invierno *pasado* se vio a personas con aspiraciones similares a las tuyas. O puede que leas que debes «deshacerte de los ponchos», que tan *de moda* estuvieron el año pasado, porque los tiempos cambian y ahora te dicen que llevar un poncho «te hace parecer un camello». O aprenderás que se ha terminado eso de ponerse una americana de rayas con una camiseta —una costumbre tan «en boga» la temporada pasada que «a uno lo tenían que ver vistiendo así»—, solo porque ahora «nadie» combina esas prendas. Y así sucesivamente. El tiempo fluye sin cesar, y el truco está en seguir el ritmo de sus olas. Si no quieres hundirte, sigue surfeando, y eso significa cambiar tu vestuario, tus muebles, el papel pintado de tu casa, tu apariencia, tus hábitos —en resumidas cuentas, a ti mismo— tan a menudo como puedas.

No es necesario que añada, ya que debería ser obvio, que ese nuevo énfasis que se pone en desechar las cosas, en abandonarlas, en deshacerse de ellas, en lugar de ponerlo en apropiárselas, se ajusta bien a la lógica de nuestra economía, orientada al consumo. Aferrarse a la ropa, a los ordenadores, a los teléfonos móviles o a los cosméticos de ayer supondría el desastre para una economía cuya principal preocupación, y condición *sine qua non* de su supervivencia, es que los productos vendidos y comprados acaben en la basura con prontitud y diligencia; y, en esa economía, la rápida eliminación de los desechos es la industria puntera.

Cada vez más, *escapar* se convierte en el nombre del juego más popular de la ciudad. Desde el punto de vista semántico, escapar es lo más opuesto a la utopía, pero desde el psicológico, en las circunstancias actuales, es su único sustitutivo disponible: se podría decir que es su nueva, actualizada y vanguardista interpretación, reelaborada a la medida de nuestra desregulada e individualizada sociedad de consumidores. Ya no puedes esperar seriamente poder hacer *del mundo* un lugar mejor para vivir; ni siquiera puedes hacer que ese *lugar* mejor en el mundo que hayas conseguido forjar para ti mismo sea de verdad seguro. La inseguridad está aquí para quedarse, pase lo que pase. Más que cualquier otra cosa, «buena suerte» significa mantener a distancia la «mala suerte».

Solo te queda preocuparte y esforzarte por luchar contra la *derrota*, y en esa lucha debe polarizarse la mayor parte de tu atención y de tu energía: debes intentar al menos permanecer entre los *cazadores*, ya que la única alternativa sería encontrarte entre los *cazados*. Para llevarla a cabo adecuadamente y que tenga posibilidades de éxito, la lucha contra la derrota requerirá toda tu atención, que estés alerta las veinticuatro horas del día, los siete días de la semana, y, sobre todo, que sigas avanzando, tan rápido como puedas...

Joseph Brodsky, filósofo y poeta ruso-estadounidense, describió con viveza el tipo de vida que promueve e impulsa la compulsión de escapar. El destino de los perdedores reconocidos como tales, de los pobres que han sido eliminados del tablero de juego de la sociedad de consumo, es una vida de sublevación esporádica, pero, más frecuentemente, de drogadicción: «En general, un hombre que se inyecta heroína lo hace en gran medida por la misma razón por la que vosotros compráis un vídeo», dijo Brodsky a los estudiantes del Dartmouth College en julio de 1989. En cuanto a esos ricos potenciales en los que aspiran a convertirse los estudiantes de esa universidad privada,

> os aburriréis de vuestros trabajos, de vuestros cónyuges, de vuestros amantes, de las vistas desde vuestras ventanas, de los muebles o del papel pintado de vuestras habitaciones, de vuestros pensamientos, de vosotros mismos. En consecuencia, intentaréis idear formas de escapar. Aparte de los mecanismos gratificantes antes mencionados, es posible que cambiéis de trabajo, de residencia, de empresa, de país, de clima, que os entreguéis a la promiscuidad, al alcohol, a los viajes, a las clases de cocina, a las drogas, al psicoanálisis [...].
>
> De hecho, es posible que hagáis todo eso junto, a la vez, y durante un tiempo puede que la cosa funcione. Hasta el día, naturalmente, en que os despertéis en vuestras habitaciones con una familia nueva y un papel pintado diferente, en un estado y clima distintos, con un montón de facturas de vuestras agencias de viajes y de vuestros psiquiatras, pero con la misma sensación de ranciedad ante la luz del día que entra por la ventana...

Andrzej Stasiuk, destacado novelista polaco y analista singularmente perspicaz de la condición humana contemporánea, sugiere que la «posibilidad de convertirse en otro» es el sustitutivo actual de la salvación o de la redención, ahora en gran parte descartadas y abandonadas.

> Aplicando diversas técnicas, podemos cambiar nuestro cuerpo y remodelarlo de acuerdo con diferentes patrones [...]. Al ojear las revistas de moda, uno tiene la impresión de que en su mayoría cuentan la misma historia: la de las formas en que uno puede rehacer su personalidad, empezando por la dieta, por el entorno, por el hogar, hasta llegar a la reconstrucción de su estructura psíquica, a menudo mediante una propuesta que tiene el nombre en clave de «sé tú mismo».

Sławomir Mrożek, escritor polaco de fama mundial con experiencia de primera mano de muchas tierras y culturas, coincide con la hipótesis de Stasiuk: «En los viejos tiempos, cuando nos sentíamos insatisfechos, acusábamos a Dios, entonces administrador del mundo; dábamos por sentado que no dirigía bien el negocio. Así que lo despedimos y nos nombramos a nosotros mismos como sus nuevos directores». Pero, como descubre Mrożek, un librepensador comprometido que detesta a los clérigos y todo lo clerical, el negocio no mejoró con el cambio de dirección. No lo hizo porque, cuando el sueño y la esperanza de una vida mejor se focalizan enteramente en nuestros propios egos y se reducen a juguetear con nuestros propios cuerpos o almas,

> no hay límites para nuestra ambición ni para la tentación de hacer crecer cada vez más ese ego, pero ante todo hay que negarse a aceptar cualquier límite [...]. Me dijeron: «Invéntate a ti mismo, inventa tu propia vida y dirígela como quieras, en cada momento y de principio a fin». Pero ¿soy capaz de estar a la altura de semejante tarea? ¿Sin ayuda, sin pruebas, sin ajustes, sin errores ni repeticiones y, sobre todo, sin dudas?

El dolor que antes causaba una elección excesivamente limitada ha sido sustituido ahora por un dolor no menor, aunque esta vez lo causa la obligación de elegir sin confiar en las decisiones que se tomen y sin estar seguros de que nuevas elecciones acerquen más al objetivo. Mrożek compara el mundo que habitamos con un

> puesto de mercado lleno de ropa elegante y rodeado de gente que busca su «yo» [...]. Uno puede cambiarse de ropa sin parar, así que qué maravillosa es la libertad que disfrutan esas personas que rebuscan entre las prendas [...]. Sigamos buscando nuestro verdadero yo, es divertidísimo, pero a condición de que nunca lo encontremos. Porque, si así fuera, se acabaría la diversión [...].

El sueño de hacer que, modificando el propio ego, la incertidumbre sea menos desalentadora y la felicidad, más permanente, y de cambiar el propio ego mudando su atuendo, es la «utopía» de los cazadores: una versión «desregulada», «privatizada» e «individualizada» de las antiguas visiones de la buena sociedad, una sociedad hospitalaria con la humanidad de sus miembros. La caza es una ocupación a jornada completa, consume un montón de atención y de energía, deja poco o ningún tiempo para nada más, y por eso desvía la atención de la infinitud de la tarea y pospone *ad calendas graecas* ese momento de reflexión en el que habría que afrontar sin rodeos la imposibilidad de llevarla a efecto. Como advirtió proféticamente Blaise Pascal hace siglos, lo que la gente quiere es «distraerse de pensar en lo que es [...] mediante alguna pasión novedosa y agradable que la mantenga ocupada, como el juego, la caza, algún espectáculo fascinante [...]». Las personas queremos escapar de la necesidad de pensar en «nuestra desdichada condición», de ahí que «prefiramos la caza a la presa». «La liebre en sí no nos librará de pensar» en los formidables pero insuperables defectos de nuestra condición común, «pero cazarla sí lo hace».

El problema, sin embargo, es que, una vez que se ha probado, la caza se convierte en una compulsión, en una adicción y una obsesión. Apresar una liebre sería un anticlímax; solo haría más tentadora la posibilidad de otra cacería, ya que se descubriría que las expectativas que acompañan la caza son la experiencia más deleitosa (¿la única deleitosa?) de todo el asunto. La captura de la liebre presagia el fin de esas expectativas, a menos que se planifique otra cacería para el día siguiente por la mañana.

¿Significa eso el fin de la utopía? En cierto sentido, sí, en la medida en que las primeras utopías modernas preveían un momento en el que el tiempo se detendría; preveían, de hecho, el final del tiempo como *historia*. No obstante, no existe ese momento en la vida de un cazador, en ella no hay ni un solo instante en el que se pueda decir que el trabajo se ha terminado, que el caso se ha abierto y se ha cerrado, que la misión se ha cumplido, y así poder esperar que el resto de la vida consista en «vivir felices para siempre, de aquí a la eternidad».

Además, la posibilidad del fin de la caza no es tentadora, sino aterradora, en una sociedad de cazadores, porque ese fin solo puede llegar en forma de derrota personal y de exclusión. Los cuernos seguirán anunciando el comienzo de otra aventura, el ladrido de los galgos seguirá resucitando el dulce recuerdo de cacerías anteriores, otras personas seguirán cazando, la excitación universal no tendrá fin... Soy el único que quedará al margen, excluido, rechazado, privado de las alegrías de los demás: solo seré un espectador pasivo al otro lado de la verja, un espectador que mirará la fiesta pero que tendrá prohibido o no podrá unirse a los juerguistas, un espectador que disfrutará del espectáculo y de la música, en el mejor de los casos, desde la distancia y por poderes.

Si una vida de caza persistente y continuada es otra utopía, entonces es, contrariamente a las utopías del pasado, una utopía sin *fin*. Una utopía extraña, de hecho, si se mide según los estándares ortodoxos; las primeras utopías obtenían sus magnéticos poderes de su promesa de poner fin al trabajo agotador; la utopía de los cazadores es el sueño de un trabajo agotador sin fin.

Una utopía extraña y poco ortodoxa, pero utopía al fin y al cabo, que promete el mismo premio inalcanzable esgrimido por todas las utopías, a saber, una solución definitiva y radical para los problemas humanos pasados, presentes y futuros, y un remedio definitivo y radical para los pesares y los sufrimientos de la condición humana. Es una utopía poco ortodoxa principalmente por haber trasladado el terreno de las soluciones y los remedios de la «lejanía» al «aquí y ahora». En lugar de vivir orientados *hacia* una utopía, a los cazadores se les ofrece vivir *dentro* de una utopía.

Para los jardineros, la utopía era el final del camino; para los cazadores es el camino mismo. Los jardineros visualizaban el final del camino como la vindicación y el triunfo definitivo de la utopía. Para los cazadores, el final del camino solo puede ser la *derrota* definitiva e ignominiosa de la utopía. Para colmo de males, también sería una derrota enteramente *personal* y la prueba definitiva del fracaso propio. Hay pocas o ninguna posibilidad de que otros cazadores dejen de cazar, por lo que la no participación en la cacería en curso solo puede sentirse como la ignominia de la exclusión personal y, por lo tanto (presumiblemente), de la inadecuación propia.

Una utopía traída de la brumosa «lejanía» al tangible «aquí y ahora», una utopía que *se vive* en lugar de *buscarse*, es inmune a las pruebas; a todos los efectos prácticos, es inmortal. Pero su inmortalidad se ha logrado al precio de la fragilidad y la vulnerabilidad de todos y cada uno de aquellos que han sido hechizados y seducidos para vivirla.

A diferencia de las utopías de antaño, la utopía de los cazadores no ofrece un sentido a la vida, ya sea genuino o fraudulento. Solo ayuda a ahuyentar de las mentes de los vivos las preguntas sobre el sentido de la vida. Al haber reconfigurado el curso de la vida en una serie interminable de búsquedas centradas en uno mismo, cada episodio se vive como un preludio del siguiente, por lo que no brinda ninguna oportunidad para reflexionar sobre la dirección y el sentido de todo ello. Cuando por fin llega esa oportunidad (si es que llega), en el momento de abandonar la vida cinegética, o de ser expulsado de ella, suele ser demasiado tarde para que esa reflexión influya en el modo en que se configura la vida, tanto la propia como la de los demás, y, por lo tanto, es demasiado tarde para oponerse a su configuración actual y discutir debidamente su conveniencia.

Resulta difícil, por no decir imposible, resumir a medio camino esta obra de teatro sin guion, inacabada y con una trama todavía por desentrañar; una obra de teatro en la que todos somos, de forma intermitente o simultánea, accesorios, atrezo y personajes. Pero nadie podría pretender ilustrar los dilemas a los que se enfrentan los actores mejor de lo que lo hizo Italo Calvino a través de las palabras que atribuyó a Marco Polo en *Las ciudades invisibles:*

> El infierno de los vivos no es algo que esté por venir: si hay uno, es el que ya existe aquí, el infierno en el que

> vivimos cada día, que construimos estando juntos. Hay dos maneras de evitar sufrirlo. La primera es fácil para muchos: aceptar el infierno y convertirse en parte de él hasta el punto de dejar de verlo. La segunda es arriesgada y exige vigilancia y aprendizaje continuos: buscar y saber reconocer quién y qué, en medio del infierno, no son infierno, y hacerlos perdurar, y darles espacio.

Que vivir en una sociedad de cazadores sea o no como vivir en el infierno es, desde luego, una cuestión controvertida; los cazadores más experimentados dirán que ser un cazador entre cazadores tiene sus momentos felices... Sin embargo, lo que ya no es tan discutible es que «muchos» optarán por esa primera estrategia que es «fácil para muchos», y así se convertirán «en parte de él» y dejarán de estar desconcertados por su extraña lógica o molestos por sus amplias, desagradables y, en la mayoría de los casos, rocambolescas exigencias. También está fuera de toda duda la posibilidad de que los hombres y las mujeres que batallen por descubrir «quién y qué no son infierno» tengan que enfrentarse a todo tipo de presiones para que acepten lo que ellos mismos insisten en llamar «un infierno».

Apéndices

Notas

1. La vida líquida moderna y sus miedos

1. Kundera, M., *L'art du roman,* Gallimard, París, 1986. Hay traducción castellana: *El arte de la novela*, Tusquets, Barcelona, 2000.

2. Attali, J., *La voie humaine. Pour une nouvelle social-démocratie*, Fayard, París, 2004.

3. Roy, A., «L'Empire n'est pas invulnérable», *Manière de Voir*, 75, junio-julio de 2004, págs. 63-66.

4. Citado en Morgan, M.J., «The garrison state revisited: civil-military implications of terrorism and security», *Contemporary Politics*, 10/1, marzo de 2004, págs. 5-19.

5. Véase Hamilton, A., «The consequences of hostilities between states», en *The Federalist Papers*, The New American Library, Nueva York, 2003.

6. ltheide, D. L., «Mass media, crime, and the discourse of fear», *Hedgehog Review*, 5/3, otoño de 2003, págs. 9-25.

7. *Hedgehog Review*, 5/3, otoño de 2003, págs. 5-7.

8. Graham, S., «Postmortem city: towards an urban geopolitics», *City*, 2, 2004, págs. 165-196.

9. Surette, R., *Media, Crime and Criminal Justice*, Brooks / Cole, California, 1992, pág. 43.

10. Véase Beckett, A., «The making of the terror myth», *The Guardian*, G2, 15 de octubre de 2004, págs. 2-3.

11. Véase Lagrange, H., *Demandes de sécurité. France, Europe, États-Unis*, Seuil, París, 2003.

12. Véase Grotowicz, V., *Terrorism in Western Europe: In the Name of the Nation and the Good Cause*, PWN, Varsovia, 2000.

13. Meacher, M., «Playing Bin Laden's game», *The Guardian*, 11 de mayo de 2004, pág. 21.

14. Véase Druon, M., «Les stratégies aveugles», *Le Figaro*, 18 de noviembre de 2004, pág. 13.

15. Véase Orr, D., «A ralentless diet of false alarms and terror hype», *The Independent*, 3 de febrero de 2004, pág. 33.

16. Véase Campbell, D., «The ricin ring that never was», *The Guardian*, 14 de abril de 2005.

17. Véase «War on terror fuels small arms trade», *The Guardian*, 10 de octubre de 2003, pág. 19.

18. Véase Gearty, C., «Cry freedom», *The Guardian*, G2, 3 de diciembre de 2004, pág. 9.

19. Véase Barber, B.R., en conversación con Artur Domoslawski, *Gazeta Wyborcza*, 24-26 de diciembre de 2004, págs. 19-20.

2. Una humanidad de aquí para allá

1. Luxemburg, R., *The Accumulation of Capital*, Routledge and Kegan Paul, Londres, 1961, págs. 387 y 416. Hay traducción castellana: *La acumulación del capital*, CreateSpace Independent Publishing Platform, Scotts Valley, California, 2018.

2. Véase Seabrook, J., «Powder keg in the slums», *The Guardian*, 1 de septiembre de 2004, pág. 10 (fragmento de *Consuming Cultures: Globalization and Local Lives*).

3. Véase Geertz, C., «The use of diversity», en *Available Light: Anthropological Reflections on Philosophical Topics*, Princeton University Press, Princeton, 2000, págs. 68-88. Hay traducción castellana: *Reflexiones antropológicas sobre temas filosóficos*, Paidós, Barcelona, 2002.

4. Durante la guerra del Golfo, «cuando Sadam dirigió sus helicópteros de combate contra los kurdos iraquíes, estos intentaron huir hacia el norte, cruzando las montañas hasta llegar a

Turquía, pero los turcos se negaron a dejarlos entrar. Los hicieron retroceder mediante el uso de la fuerza en los pasos fronterizos. Oí a un oficial turco decir: "Odiamos a esta gente. Son unos putos cerdos». Así que durante semanas los kurdos estuvieron atrapados en las montañas a diez grados bajo cero, a menudo solo con la ropa que llevaban cuando huyeron. Los niños eran los que más sufrían: disentería, fiebre tifoidea, malnutrición...». Véase O'Kane, M., «The most pitiful sights I have ever seen», *The Guardian*, 14 de febrero de 2003, págs. 6-11.

5. Bauman escribe el término en castellano. *(N. de la T.)*

6. Younge, G., «A world full of strangers», *Soundings*, invierno de 2001-2002, págs. 18-22.

7. Véase Travis, A., «Treatment of asylum seekers "is inhumane"», *The Guardian*, 11 de febrero de 2003, pág. 7.

8. Véase Travis, A., «Blunkett to fight asylum ruling», *The Guardian*, 20 de febrero de 2003, pág. 2.

9. Véase Agier, M., *Aux bords du monde, les réfugiés*, Flammarion, París, 2002, págs. 55-56.

10. Ibíd., pág. 86.

11. Véase Le Houerou, F.R.E., «Camps de la soif au Soudan», *Le Monde Diplomatique*, mayo de 2003, pág. 28. Hay traducción castellana: «Los campos de la sed en Sudán», edición de *Le Monde Diplomatique* en español que se puede consultar en su versión digital.

12. Agier, M., *Aux bords du monde, les réfugiés*, cit., pág. 94

13. Ibíd., pág. 117.

14. Ibíd., pág. 120.

15. Véase Travis, A., «UK plan for asylum crackdown», *The Guardian*, 13 de junio de 2002.

16. Bright, M., «Refugees find no welcome in city of hate», *The Guardian*, 29 de junio de 2003, pág. 14.

17. Véase Travis, A., «Tough asylum policy 'hits genuine refugees'», *The Guardian*, 29 de agosto de 2003, pág. 11.

18. Younge, G., «Villagers and the damned», *The Guardian*, 24 de junio de 2002.

19. Véase Foucault, M., «Of Other Spaces», *Diacritics*, I (1986), pág. 26.

20. Véase Wacquant, L., «Symbole fatale. Quand ghetto et prison se ressemblent et s'assemblent», *Actes de la Recherche en Sciences Sociales*, septiembre de 2001, pág. 43.

21. Véanse Wacquant, L., «The new urban colour line: the state and fate of the ghetto in postfordist America», en Calhoun, C.J. (ed.), *Social Theory and the Politics of Identity*, Blackwell, Londres, 1994; y también «Elias in the dark ghetto», *Amsterdams Sociologisch Tijdschrift*, diciembre de 1997.

22. Véase Agier, M., «Entre guerre et ville», *Ethnography*, 2, 2004.

23. Hall, S., «Out of a clear blue sky», *Soundings*, invierno de 2001-2002, págs. 9-15.

24. Garland, D., *The Culture of Control: Crime and Social Order in Contemporary Society*, Oxford University Press, Oxford, 2001, pág. 175. Hay traducción castellana: *La cultura del control. Crimen y orden social en la sociedad contemporánea*, Gedisa, Barcelona, 2005.

25. Wacquant, L., «Comment la "tolérance zéro" vint à l'Europe», *Manière de Voir*, marzo-abril de 2001, págs. 38-46.

26. Hedetoft, U., *The Global Turn: National Encounters with the World*, Aalborg University Press, Aarhus, 2003, págs. 151-152.

27. Véase Andreas, P. y T. Snyder (ed.), *The Wall around the West. State Borders and Immigration Controls in North America and Europe*, Rowman and Littlefield, Lanham / Oxford, 2000.

28. Klein, N., «Fortress continents», *The Guardian*, 16 de enero de 2003, pág. 23. El artículo se publicó primero en *The Nation*.

3. Estado, democracia y manejo de los miedos

1. Castel, R., *L'insécurité sociale. Qu'est-ce qu'être protégé?*, Seuil, París, 2003, pág. 5. Hay traducción castellana: *La inseguridad social. ¿Qué es estar protegido?*, Manantial, Buenos Aires, 2004.

2. Freud, S., *Civilization and its Discontents*, Penguin Books, Londres, 2002, vol. 12, págs. 274 y sigs. Hay traducción castellana: *El malestar en la cultura*, Alianza, Madrid, 2016.

3. Castel, R., *L'Insécurité sociale*, cit., pág. 6.

4. Ibíd., pág. 22.

5. Para un análisis más completo, véase mi libro *The Individualized Society*, Polity, Cambridge / Malden, 2001. Hay traducción castellana: *La sociedad individualizada*, Cátedra, Madrid, 2001.

6. Castel, R., *L'Insécurité sociale*, cit., pág. 46.

7. Véase Marshall, T.H., *Citizenship and social class, and other essays*, Cambridge University Press, Cambridge, 1950. Hay traducción castellana, que se acompaña de una monografía de Tom Bottomore: *Ciudadanía y clase social*, Alianza, Madrid, 2023.

8. Flores d'Arcais, P., «The US elections: a lesson in political philosophy: populist drift, secular ethics, democratic politics» (citado aquí de una traducción manuscrita de Giacomo Donis).

9. Véase Gledhill, J., «Rights and the poor», en Wilson, R.A. y J.P. Mitchell (ed.), *Human Rights in Global Perspective: Anthropological Studies of Rights, Claims and Entitlement*, Routledge, Londres, 2003, págs. 210 y sigs. Gledhill cita a Macpherson, C.B., *The Political Theory of Possessive Individualism: Hobbes to Locke*, Oxford University Press, Oxford, 1962 (hay traducción castellana: *La teoría política del individualismo posesivo. De Hobbes a Locke*, Trotta, Madrid, 2005).

10. Searle, J.R., «Social ontology and free speech», *Hedgehog Review*, 6/3, otoño de 2004, págs. 55-66.

11. Véase Castel, R., *L'Insécurité sociale*, cit., págs. 47 y sigs.

4. Sin contacto, pero juntos

1. Ellin, N., «Fear and city building», *Hedgehog Review*, 5/3, otoño de 2003, págs. 43-61.

2. Diken, B. y C. Laustsen, «Zones of indistinction: security, terror and bare life», *Space and Culture*, 5, 2002, págs. 290-307.

3. Gumpert, G. y S. Drucker, «The mediated home in a global village», *Communication Research*, 4, 1996, págs. 422-438.

4. Graham, S. y S. Marvin, *Splintering Urbanism: Networked Infrastructures, Technological Mobilities and the Urban Condition*, Routledge, Londres / Nueva York, 2001, pág. 285.

5. Ibíd., pág. 15.

6. Schwarzer, M., «The ghost wards: the flight of capital from history», *Thresholds*, 16, 1998, págs. 10-19.

7. Castells, M., *The Informational City: Information Technology, Economic Restructuring and the Urban-Regional Process*, Blackwell, Oxford / Cambridge, 1989, pág. 228. Hay traducción castellana: *La ciudad informacional. Tecnologías de la información, reestructuración económica y el proceso urbano-regional*, Alianza, Madrid, 1995.

8. Caldeira, T., «Fortified enclaves: the new urban segregation», *Public Culture*, 8/2, 1996, págs. 303-328. Hay traducción castellana: *Ciudad de muros*, Gedisa, Barcelona, 2009.

9. Ellin, N., «Shelter from the storm, or form follows fear and vice versa», en Ellin, N. (ed.), *Architecture of Fear*, Princeton Architectural Press, Princeton, 1997, págs. 13 y 26.

10. Flusty, S., «Building paranoia», en Ellin, N. (ed.), *Architecture of Fear*, cit., págs. 48-52.

11. Véanse Friedman, J., «Where we stand: a decade of world city research», en Knox, P.L. y P.J. Taylor (ed.), *World Cities in a World System*, Cambridge University Press, Cambridge, 1995; Harvey, D., «From space to place and back again: reflections on the condition of postmodernity», en Bird, J. *et al.* (ed.), *Mapping the Futures: Local Cultures, Global Change*, Routledge, Londres / Nueva York, 1993.

12. Smith, M.P., *Transnational Urbanism: Locating Globalization*, Blackwell, Malden / Oxford, 2001, págs. 54-55.

13. Ibíd., pág. 108.

14. Castells, M., *The Information Age: Economy, Society and Culture*, vol. II: «The Power of Identity», Blackwell, Malden, 1997, págs. 25 y 61. Hay traducción castellana: *La era de la información. Economía, sociedad y cultura*, vol. II: «El poder de la identidad», Alianza, Madrid, 1998.

15. Castells, M., «Grassrooting the space of flows», en Wheeler, J.O. *et al.* (ed.), *Cities in the Telecommunications Age: The Fracturing of Geographies*, Routledge, Londres / Nueva York, 2000, págs. 20-21.

16. Sennett, R., *The Uses of Disorder: Personal Identity and City Life*, Faber & Faber, Londres, 1996, págs. 39 y 42. Hay traducción castellana: *Los usos del desorden. Identidad personal y vida urbana*, Alianza, Madrid, 2022.

17. Ibíd., pág. 194.

18. Véase Huntington, S., *The Clash of Civilizations and the Remaking of World Order*, Simon and Schuster, Nueva York, 1996. Hay traducción castellana: *El choque de civilizaciones y la reconfiguración del orden mundial*, Paidós, Barcelona, 2015.

19. Véase Juergensmeyer, M., «Is religion the problem?», *Hedgehog Review*, 6/1, primavera de 2004, págs. 21-33.

Índice onomástico